母愛有毒

掙脫束縛療癒母女關係，與自己和解

于玲娜
——著

目錄

第六章　如何走出不健康的母女關係？　193

推薦序　女性覺醒自助書

之所以向大家推薦于玲娜老師的這本書，是因為這本書給出了清晰的「使用說明」，讓「掙脫母愛的束縛，走向和解與療癒」不再是一句空話，而是真的化作可以落地的行動。

作為親密關係諮商師，我的個案以女性居多，我經常半開玩笑地說，許多婚姻中最核心的問題是，很多男性的成長速度遠遠跟不上女性的覺醒速度。確實，很多女性都在積極地尋求自我成長與高品質的親密關係，不過往往被一個核心困境卡住——與母親的和解。

我給不少與自己的母親相愛相殺的個案推薦過《母愛的羈絆》，很多個案都說受益匪淺，但是對於如何掙脫母愛的束縛，她們還是有些茫然。

我認為這本書可以成為深入面對母愛羈絆並走向和解的實用型心理自助書。

正如作者自己介紹的，「本書用了大量的篇幅去理解和描述問題，只用了較小的篇幅提建議」。原因是「個案真正的成長，往往是源於對自己有了更深刻、更持久的瞭解，而不是從諮商師那裡獲得什麼有特效的建議」。

這與我的諮詢經驗非常吻合。我經常說，心理諮商的目的不是解決一個問題（solve a problem），而是創造更多的解法（create more solutions）。這取決於我們對問題背後本質的認知深度和思維的開闊程度，當然，還有心靈的彈性。而這些都需要我們能夠跳脫二元對立，更為理性、客觀地看待自己與母親的關係。

本書還有一點特別吸引我——作者給出的四點使用建議。從記錄、書寫到療癒，這就是非常經典的書寫療癒過程。

我也經常會引導很多女性個案嘗試給自己的母親寫一封信，透過自由表達自己的情感，包括委屈、傷心、憤怒、恐懼、無助等，喚醒曾經和母親相處的最初記憶，當然，也包括對溫馨互動與感恩的表達。在表達的過程中，我們其實也在嘗試看見與療癒自己受傷的內在小孩，這本書無疑就是透過對典型母女關係問題做深入系統的梳理與呈現，帶領我們一起找回失落的記憶。

當然，療癒的過程並不是一蹴而就的。不妨慢一點，跟隨作者的指引，一點一點地去撫平因為母愛的束縛而造成愛的傷害，最終實現與自己和解。

祝福你！

親密關係諮商師
陳歷傑

序言　女性成長，從反思母愛的束縛開始

越來越多的女性意識到，自己成年以後的性格、親密關係、人際關係模式甚至學業和職場表現，都常常受到童年經歷和原生家庭的影響。她們開始關注自我成長，不斷探索自我，療癒內心創傷。

在尋求心理諮商的人中，女性所占比例大於男性。女性比男性更容易受到心理問題困擾的原因複雜而廣泛。如果從原生家庭的角度看，女性的精神痛苦許多都源於和母親的關係。

大部分尋求心理諮商的女性，起初並沒有期待在諮詢室裡談論自己的母親。她們深受困擾的問題大多是各種難以承受的負面情緒和身體症狀，如憂鬱、焦慮、恐懼、強迫傾向、被害妄想等；或者是讓人失望的伴侶關係，如爭吵、冷戰、出軌等；或者是育兒過程的心理困難，如對孩子期待高、沒耐心、傷害孩子的想法等；或者是和上司、同事、家人的關係緊

張，比如辛苦付出卻不被認可，難以抑制又無法表達憤怒，和長輩相處不快……。

如果談到母親，她們可能會輕描淡寫地轉移話題：「我媽媽？她對我挺好的，我們之間沒什麼問題。」然後，她們會繼續談論她們不健康的情緒和身體、不負責任的丈夫、麻煩的孩子、索求無度的上司、自私的婆婆等。

對很多女性來說，談論母親對自己的傷害，本身就是個禁忌，這會令她們感到不安，覺得母親為自己付出了那麼多，自己不該談論母親的不是，甚至不該去想這個問題。

但隨著諮詢的推進，她們對當前的困擾不斷抽絲剝繭、尋根溯源，逐漸揭曉的答案往往都會指向和母親的互動。

- 常年的抑鬱心境有時來源於：「一直沒能從母親那裡得到足夠的關注和回應。」
- 一再容忍伴侶的家暴，不僅是因為自己的父親有家暴傾向，更是因為內化了母親在父親面前一味隱忍的態度。
- 對一、兩歲孩子的哭鬧很不耐煩，可能是因為自己兒時哭鬧時沒有得到母親的安撫，由此留下的潛意識創傷在此時被啟動了。

- 工作上承擔責任太多卻總感覺得不到上司的認可，有時是因為自己獲得母親關注的方式就是努力做事取悅她。
- 覺得婆婆對自己不好，有時是因為將自己壓抑的「對母親的需求、不滿和失望」投射到了婆婆身上。

意識到這些，會讓我們更容易理解和接納自己，從而更有能力主動做出選擇，掌控自己的生活。

談論母親給女兒帶來的傷害，並不是為了評判母親，指責她、報復她，而是為了讓我們更瞭解自身痛苦的根源，改善我們的身心狀態，真正實現人格獨立和自我成長。

當然，父親也會影響女兒的人格，同時母親也在很大程度上影響了兒子的人格，許多圖書已經用「親子關係」這個概念概括了母女、母子、父女、父子四種關係，並討論「原生家庭對人格的影響」。那麼，為什麼還要把「母女關係」單獨提出來討論呢？

二〇二一年母親節時，為了給我的心理諮商工作室準備一些慶祝母親節的文案素材，我用「母親節」三個字在網上搜索圖片，找到了海量的母親節配圖，同時得到一個有趣的發現，我數了前一百張為母親慶祝節日的配圖。

- 其中十五張圖，是母親和兒子在一起；
- 其中十二張圖，是母親和一個看不出性別的嬰兒在一起；
- 其中五張圖，母親身邊既有兒子也有女兒；
- 其中二張圖，母親身邊環繞著一家老小；
- 其中一張圖，母親身邊的人是父親；
- 另外六十五張圖，都是母親和女兒在一起。

這個數據讓你感到驚訝嗎？背後的原因無法用三言兩語簡單概括，但如果你有耐心讀完這本書，就不會感到驚訝了。你會發現，和其他三組親子關係相比，母女關係十分獨特，這份關係對女性的一生都有深遠影響。

本書就試圖幫助女性朋友們回顧、反思、梳理自己和母親的關係，識別其中的消極影響，走出母女關係的創傷陰影，為自己打開新的成長空間。

怎樣使用本書

在進入正式討論之前，我想對下面幾個問題略作澄清，也許會對妳有所幫助。

「原來不健康的母女關係只有這麼幾類！那是不是只要我確認了自己和母親的關係屬於哪一類，只讀相關內容就可以了呢？」

當然不是。讀這本書時，妳和母親的親密關係可能已經持續了幾十年。在這個過程中，妳和母親的性格或多或少都發生了一些變化，而生活帶給妳們的挑戰也在不斷變化。

有的母親年輕時比較自戀、任性，容易和女兒形成嫉妒和競爭的關係，到了中年，性格漸漸成熟、沉穩起來，更能付出無私的愛；有的母親年輕時家境優渥、生活輕鬆，對女兒也比較寬容有愛，到了中年，經歷了生活的變故和打擊，則可能變得脾氣暴躁、性格乖戾；更多的母親是早年生活拮据，對女兒各方面的需求常有忽視和過度限制，在女兒長大後，自己更有能力和意願支持女兒。

有的女兒在嬰幼兒時期和父母關係較好，成長環境還算健康，但到了少年時期，父母離異，和滿腹牢騷的母親生活在一起，性格變得內向壓抑；有的女兒則在成長初期受到父親的虐待，活得很痛苦，後來母親和父親離婚，就過上了相對健康的生活。

我們和母親的關係，是幾十年互動的累積和疊加而成的。很多母女關係是多種情感模式的複合體，每個階段的成分和配比都不一樣。

當妳開始認真反思自己和母親的關係時，可能會很快發現一種占據主導的情感模式，但最好不要止步於此。如果繼續探索，也許還會發現別的模式，其中一些模式只是妳們關係的一段小插曲，還有一些模式，雖不起眼卻影響深遠。

如果能把這個複合體幾十年來的演變過程描述清楚，妳就能更接近自己和母親關係的真實情況。

「我不想知道『為什麼』，我就想知道『怎麼做』。」

我們所處的時代非常注重結果和效率，甚至有些「急功近利」。帶著這種習慣去尋求心理諮商時，常常會產生這樣的想法：「我不想知道過去發生了什麼，也沒有興趣知道為什麼發生。事情已經過去，是無法改變的，我只想知道現在該怎麼辦。我只想儘快解決問題，因為我還有很多事要做。」

一些心理學諮商師也會迎合這種需求，拒絕討論尋求諮商者的過去，而是提供各種「短程」、「高效」、「迅速」的解決方案。其結果往往是，尋求諮商者發現自己的問題並沒有得到解決，甚至陷入更深的無力感之中。

從心理動力學的角度看，「不想談論過去」，這種想法背後常常是對痛苦的防禦。去理解發生了什麼會讓人感覺太痛苦，為了迴避痛苦，有的個案會要求心理諮商師給出一個不會痛苦的解決方案。其實，有效的心理諮商，不是避開過去造成的痛苦，而是承載、消化和穿越它們。

本書用了大量篇幅去理解和描述問題，而用了比較小的篇幅提建議。這和我在諮詢中的工作經驗是吻合的：尋求諮商者的真正成長，往往是因為（或伴隨著）對自己更深刻、更持久的理解，而極少是因為從諮商師這裡獲得了什麼特效的建議。

在嘗試理解過去的經歷時，可能會湧出許多負面情緒和痛苦，為了幫妳更好地承載和消化這些負面情緒和痛苦，我有以下建議。

一、選擇一個穩定、安靜、放鬆、私密的環境，放下手機，用半小時以上的時間來閱讀。這樣的空間，有助於妳放下防禦，打開心靈，去接受這本書可能帶給妳的觸動。

二、可以在旁邊準備一本筆記本，當妳受到觸動時，及時把妳的想法和感受記錄下來。（不建議記在手機上，因為手機訊息會干擾妳。）

三、跟隨心靈的觸動，去感受、回憶、表達。在閱讀本書時，妳可能被一個詞、一句話、一張圖片所觸動，它是一條線索，可以把妳帶到感受層面，帶到記憶深處，帶到過去那些沒有得到了結的事件裡。妳可以試著跟隨它、體驗它、描繪它。有時妳可能會受到一種感召，要把某些東西表達出來，那就去表達，寫一個故事、畫一幅畫、找個沒人的地方嘶喊出來都可以。如果這個觸動引起妳幻想未來或不可能發生的事情，妳可以去幻想，但要保持覺察：這只是過去的延伸和投射，要想發生真正的改變，最終還需要回到過去。

四、讓情緒自由流動。悲傷，就大哭一場；快樂，就放聲大笑；無力，就安靜地躺著；

挫敗時，不要著急讓自己振作起來；難過時，不要強忍眼淚；憤怒時，不要壓抑自己……，試著去「承受」每一種情緒，就像大地承受每一場雨雪。生命活力的萌發，常常出現在雨雪過後的一段時間裡，短則幾個小時，長則幾個星期。

「這本書可以幫我改變和母親的關係嗎？如果我的母親已經去世了，這本書還有什麼意義？」

關係是兩個人的共舞，我們可以調整自己的舞步，但對方不一定會跟過來。母女關係能不能改變，除了妳的努力，還取決於很多複雜的因素。

不過這本書的主要目的並不是改變妳和母親的關係，而在於幫妳反思和母親的關係，消除她留給妳的不良影響，走出她對妳的限制，更自由地過好自己的人生。

「母親畢竟養育了我，去分析她對我的消極影響或傷害，有什麼意義嗎？發生過的事情難道可以改變嗎？我不能和外人一起指責她，這太讓人內疚了。」

我的一位女性朋友艾米告訴我，十年前她讀了《母愛的羈絆》這本書，書裡講的是有自戀情結的母親對女兒造成的負面影響。當時她覺得書裡的情況跟自己一點關係都沒有，她認為自己有個好媽媽，自己的媽媽並不自戀。最近她重讀了這本書，才突然發現自己的媽媽跟書裡寫的媽媽一模一樣，而她本人的許多心理問題也的確是媽媽的自戀傾向導致的。艾米認為，十年前自己之所以看不到這一點，是因為她當時不能容忍自己有這方面的念頭，就好像腦子裡有個「思想警報」，自己一冒出「媽媽不好」這樣的念頭，就會自動地把它掩埋掉。

母親對我們的消極影響，並不會因為我們迴避它或不承認它而自動消失。相反，越是我們壓抑的、不肯承認的東西，越會在無形中控制我們。就像心理學家卡爾・古斯塔夫・榮格（Carl Gustav Jung）說的：「我們意識不到的事物，構成了我們的命運。」這就好比我們開車行駛在山路上，如果我們的車子剎車壞了，而我們並不知道，那麼我們就會不可避免地遇到災難；而如果我們上路之前發現剎車壞了，把剎車修好，災難就可以避免。正視母女關係中的問題，就是對我們的車子進行一次細緻的檢修。

正視母女之間的問題，並不是為了批判或懲罰誰，而是為了讓我們都能放下心理包袱，解放情感，更好、更安全地上路，開啟更美好、更穩健的人生旅程。

在這一過程中，妳可能會對母親產生各種負面情緒，但另一個聲音又緊緊束縛著妳：「我不能這樣對待自己的母親！」

妳可能會認為，強烈的負面情緒是妳和母親關係中的一個「異物」，在妳的記憶裡它從來沒有出現過，在妳的想像中它也不應該出現，而後面那個「理智」的聲音才是「正常」的。

其實恰好相反，這個想法才是妳和母親的關係中不健康的一面，它正是問題本身。

在健康的親子關係中，孩子在成長過程中對父母懷有負面情緒時，會以不同的方式表達出來，比如有的孩子吃奶不順利時哭鬧踢抓，心情不好時亂扔東西，父母不給自己買喜歡的玩具就大發脾氣等等，這些都是為人父母需要承受的，這些負面情緒一旦被接納，就會隨著孩子的成長逐漸減少，直到某一天父母發現：孩子變得懂事了。

如果父母由於生活壓力或自身的心理問題，無法承受孩子的負面情緒，就會告訴孩子「這是不對的」、「不應該出現」，要求孩子自己壓抑和控制這些情緒，孩子就會難過、隱忍，最終認同，並將之變成自我要求，從而留下心理健康隱疾。

我們需要接納這些負面情緒，嘗試打開一個「內在空間」：在這個「內在空間」裡，存在任何情緒都是被允許的，可以自由地體驗、觀察和反思任何情緒。

這種允許情緒存在並能自由地體驗和反思情緒，正是心靈成長的基礎。

「健康的母女關係究竟是怎樣的？」

雖然這個問題並沒有標準答案，但在我們內心的隱祕角落，或許還是會對母女關係有理想化的期待，比如大家可能會期待：
- 母親是善良的，她從女兒誕生的那一刻起，就深愛著女兒；
- 女兒是純潔無瑕的，她沐浴在母愛中，心中充滿幸福，用她的微笑和愛回報母親；
- 母親和女兒親切、耐心地交流，她們彼此欣賞，享受在一起的時光；
- 家庭的其他成員，如父親、爺爺奶奶、其他兄弟姊妹都會保護和支持母女之間的良好關係。
這樣的場景即使存在，也不可能是永恆的，生活中總難免會有衝突。好的關係，就是帶著誠意真實地表達，解決一個接一個的問題，修復關係中的裂痕，讓關係慢慢變得更深厚，更值得信賴，更經得起風吹雨打。好的關係，不是某種特定的形態，而是這個過程本身。

第一章

母女關係的獨特之處

母女關係的獨特之處，植根於女性獨特的生活方式和心理模式。女性和男性在各方面有所不同，而這些不同在母女關係中又常常被放大，這給母女關係染上了一層不同於母子、父女、父子關係的色調。

本章將從下面四個方面討論兩性心理的不同，以說明為什麼很有必要對母女關係進行單獨討論。

- 女性的身體意識
- 女性的空間感
- 女性的時間感
- 母職的傳承

需要事先澄清的是，兩性差異是個相對的概念，任何一個關於兩性差異的論斷，都很容易找出反例。一切都不是絕對的。作為心理諮商師的我，對母女關係的認識，除了透過書籍和同行之間的交流，主要來自與我建立中長期諮商關係的上百位女性所講述的經歷和情感體驗，這就是我的樣本。在兩性差異這樣一個幾乎沒有邊際的話題上，我的觀察可能無法完全對應妳的體驗。但這也許就是心理諮商師的「眼界」：我們的目光總是落在有「問題」的地方，而不是所謂「全貌」。

如果妳讀到一些描述時忍不住感慨：「啊，我可沒聽說過／見過／經歷過這種事！」那不妨反過來想：我是多麼幸運啊，不用體驗這樣一份苦難。如果妳沒有經歷過某些苦難，且畢生不會受這些問題所擾，可以跳過本章相應的內容。

第一節 女性獨特的身體意識及其在母女之間的相互強化

女性和男性不僅在生理上存在差異，在心理和情感的認知上也很不一樣。男性和女性對自己身體的意識、感知和態度，差異巨大。

男性往往在身體內部體驗身體，很多男性直截了當地追求身體的舒適，逃避身體的痛苦、享受身體帶來的成就感。女性則更傾向於從外在關注自己的身體，而疏忽身體內在的感受，當她們不得不回到內部體驗自己的身體時，不少女性體驗到的是更多的各種生理症狀、不適和疼痛。

這種差異從童年就開始了。先來看看男孩和女孩可能會因為什麼樣的身體原因而感到快樂。

有的男孩：

「耶！我贏了！」（比腕力）

「快看快看！我騎得最快！」（騎自行車）

「我是全班最高的！」（為身高感到自豪）

有的女孩：

「看我這條裙子，漂亮吧！」（在同伴面前轉圈）

「我要是雙眼皮就好了。」（遺憾）

「我也想梳艾莎公主那樣的辮子！」（願望）

二十歲左右的男生往往喜歡各種球類運動、戶外運動、健身、打遊戲。

而二十歲左右的女生則往往熱衷於穿搭、化妝、買各種用於穿搭和化妝的物品。很多女生最關注的問題是：「我好看嗎？怎樣可以更好看？」

與此同時，很多女生開始體驗會伴隨她們多年、定期前來的「煩惱」——月經。既要忍受經痛的各種不適，又要擔心側漏，還要注意飲食，減少運動量，也許還要承受經期出現的各種負面情緒。

再來看看中年人對身體的態度。

有的男性：

「壓力大，抽根菸放鬆一下。」

「工作太累，下班後找個地方做足底按摩。」

「打赤膊怎麼了？涼快呀！這麼熱的天幹麼委屈自己？」

「別看我有啤酒肚，我一口氣能做三十個伏地挺身呢！」

有的女性：

「最近有魚尾紋了，這款高級眼霜用了幾個星期好像也沒效果。」

「夏天快到了，我得注意控制體重。」

「這件衣服雖然舒服，但是穿上它顯得矮，不能要。」

「明天的場合比較重要，早點起床敷面膜、化妝。」

身體健康出問題時，男性和女性的態度有時也不一樣。不少男性對康復有種天然的自信：

「我其實就是累，好好睡一覺就沒事了。」

「這種感冒著涼，多喝水，去外面跑幾圈就好了。」

「經常不運動容易出問題啊，多運動就對了。」

「放心吧，我死不了，做個手術而已。」

有的女性則容易因為健康問題陷入驚恐不安，產生各種消極悲觀的想法，有時甚至伴隨疑病症（明明沒有生病卻總覺得自己生病了）。

「醫生說我的子宮肌瘤做個手術就能好，但我還是很擔心會變成癌症或影響生育。」

「我的身體不能累到，一累就容易生病，所以體育活動和戶外活動我從來不參加。」

「我這樣體弱多病，不知道能不能活過三十歲，要是早早死了怎麼辦？」

「早上起來頭有點暈，但願不是要中風了，只是低血糖吧。」

對健康和外貌（身材、皮膚等）的擔憂，一定程度上影響了男性和女性的飲食和衛生習慣。有的男性想吃什麼就吃什麼，想吃多少就吃多少，家裡懶得打掃，隔幾週請一次清潔人員。有的女性則飲食清淡、節制，居家衛生高標準、嚴格要求。

不少男性對身體的意識和態度更接近動物本能，相比之下，有的女性則顯得不太「自然」。那麼，這種不自然的態度是怎樣產生的呢？

從人類文化演進的角度看，可能有很多複雜的原因，已經超出了本書討論的範疇。但從個人成長的角度看，這種態度很大一部分是透過母女關係傳承的。

在親子關係中，母女之間出現強化身體意識的對話最多。

「來，我給妳梳個頭。妳的臉圓，辮子要這樣綁才好看。」

「這身衣服太難看了，走，跟媽媽一起逛街去，給妳買好看的衣服週末出門穿。」

「現在流行平眉，妳覺得媽媽適合嗎？」

「女孩子不要吃太多，長胖了很難減下來。」
「妳笑的時候不要把嘴咧太大，不好看。」
「妳看這張照片，拍照的時候身子要側著，一條腿往側面伸，顯腿長。」

當母親對女兒感到嫌棄時，她的攻擊也可能指向女兒的身體：
「妳好好照照鏡子！長成這樣還不好好學習，以後怎麼辦？」
「妳怎麼把頭髮剪這麼短？男不男女不女的！」

而在母子、父子、父女三種親子關係中，這些關於身體的討論就少得多。對身體意識的共享、傳遞和相互強化，是母女關係中相當獨特的地方。

部分女性這種從外在關注自己的身體意識，會進一步影響她們的心態。

- 更在乎自己「看起來怎麼樣」而非「實際上感覺怎麼樣」，從而更容易忽視自己的內在感受。當這樣的女性成為母親時，也更容易忽視孩子的內在感受。

- 可能把更多的時間、精力和注意力花費在自己「看起來怎樣」上，進而減少在學業、事業上的投入，導致社會競爭力下降，有時不得不「回歸家庭」。
- 更容易產生嫉妒心理。嫉妒是一種被別人比下去時，不甘心失敗又暫時無力改變、混雜著羨慕和仇恨的複雜情感。競爭和嫉妒本是人之常情，但部分女性會將身體特徵和同類競爭，因而比男性更容易感受到嫉妒的痛苦。
- 更需要「被愛」、「被喜歡」和「被需要」。這種從外在關注自己的身體意識，使得女性的自我感覺更需要依賴外界的眼光和回應來建立。「我可愛嗎？」這個疑問，最終需要「我愛妳」來回答。受這種身體意識影響的女性更需要從他人對自己的愛、需要、喜歡中確認自己，缺少這些時，她們比男性更容易陷入自卑和無價值感的情緒中。

在後文講到的許多母女互動模式中，我們都可以看到女性身上的這些心態。

第二節　母女共享更緊湊的生活空間

社會分工和生活方式的不同，使男性和女性的生活空間也有所不同。一些女性一生中的大部分活動都圍繞著「家」。她們維持這個空間的整潔和功能運轉，覺得自己對這個空間承擔著某種責任。她們關心家裡的衛生紙是不是快用完了，油煙機要不要洗一下，閉著眼睛也知道家裡的每件東西放在哪。對她們而言，這個空間既是生活空間，也是工作空間。

男性的活動空間則更多在外面：哪裡有好吃的、好玩的，哪裡可以辦什麼事，哪裡可以找到工作，哪裡是單行道，哪裡可以抄進路。

從男孩和女孩的玩具中也能看到這種差別。

女孩更喜歡各種玩偶、芭比娃娃及玩具房子，小桌子、小椅子、小床、小櫃子，小碗、小碟子、小湯匙、小叉子，當然還有梳妝臺和小鏡子（幫她們進一步強化「從外在關注自己」的身體意識）。

男孩則更喜歡各種交通工具和模型（帶他們去更遠的地方），怪物、恐龍、外星人（遙遠而陌生的他者），各種武器和配備武器的英雄人物形象（戰鬥、獲勝、成為傳奇）。

這種差異可能一直延續到老，成為一種脫離空間限制的心理習慣。有的退休女性會結伴坐一小時公車去農產品批發市場買新鮮、便宜的土雞蛋；退休的男性則更願意透過報紙或電視關注國際局勢、時事動態。

很多女兒和母親的大部分共處時間，就是在「家」這個小小的空間裡兜來轉去，像兩棵種在同一個花盆裡的植物，盤根錯節、相互倚靠，又相互明爭陽光、暗奪水分。

相比之下，許多父親和兒子的關係就簡單得多。

有一些成年男性和父親生活在同一個城市，卻只在逢年過節或有事時來往，平時既不交流也不走動。見面時，他們談論工作、車子，寥寥數語便交換完意見。而一些成年女性，即使出國定居，和母親相隔萬里，也會時常和母親「煲電話粥」，談論兩地的天氣和物價差異、親戚熟人們的最新動向、各自跟其他人的互動來往，彼此分享做菜和美容保養的經驗，跟那些待在同一間廚房裡的母女談話內容大同小異。

後文探討的母女互動模式中，有不少不健康關係都和這種過於緊密的互動有關。

第三節　母女共同承受時間焦慮

女性和男性對時間的感受也很不同。在整個生命週期中，時間多數時候對男性都是友好的，他們不用著急去完成什麼，也很少有什麼「死線」（Deadline，即截止日期）。大部分男性不會給自己的婚姻或生育年齡規定時限，他們的未來是開闊的，只要還活著，似乎一切皆有可能。

女性則一成年就感受到時間的逼迫：醫學專家告訴她最佳生育年齡是二十三至三十歲；熱衷於介紹對象的三姑六婆告訴她，年紀越大越不好找對象；護膚品廣告告訴她，膠原蛋白從二十歲便開始流失；獵人頭公司告訴她，三十歲以上就很難找到好工作。

如果相信這一切，二十至三十歲的女性會感到焦慮：既要好好保養自己，爭取儘快找一位理想的對象，又要努力提升職業技能，在職場上站穩腳步。

許多母親認為，女性一生的命運，大部分會在二十至三十歲決定。這時的努力和選擇都非常重要。

這些母親如何在有限的時間裡，把這種人生經驗傳遞給女兒，並讓她學會運用呢？要知道，普通人在二十至三十歲都會有很強的獨立意識，急於擁抱新世界，最不愛聽「老人言」。

一些母親沮喪地發現，自己經年累月的所見所聞甚至親身經歷，在女兒聽來卻是過時、教條的東西。

母親很可能沒受過多少教育，無法把自己厚重的人生經驗傳輸給女兒。很多時候，她只能笨嘴拙舌地說「妳要這樣，妳不要那樣」，或者歇斯底里：「再去找那個男人我打斷妳的腿！」甚至以死相逼：「妳敢離婚我就不活了！」

可以想見，這些話在一個心思單純的年輕女孩聽起來會是什麼感受。

我的個案中，一些年輕時乖乖聽母親話的女性，後來往往感到遺憾，懊悔自己錯過了豐富、自由的生活。也有一些年輕時對母親叛逆的女性，歷經滄桑後，發覺母親說得對，後悔當初沒聽母親的勸告。

她們將來會傳授怎樣的經驗給女兒呢？

左也不對，右也不對，只有小心翼翼、不偏不倚，才能倖免於生活的各種艱難。一些女性彷彿還在不經世事的時候，就得在規定時間內走過一條獨木橋。母親可能在岸上大呼小叫，急得跳腳，但這對女兒的幫助很小，反而讓她更加緊張，難以保持平衡。而女兒這邊，由於能看到母親看不見的一些風景，也常常希望依靠自己的判斷走出一條更寬的路。

女性生命週期裡的時間焦慮，加劇了母親和女兒之間的拉拉扯扯。有些焦慮源自現實的壓力，有些焦慮則是母親自身的不安全感轉變成了籠罩在女兒頭頂的陰影。

第四節　母職在母女之間的傳承

當我們談論「母職」一詞時，並不意味著已經將它界定為「母親的職責」。母職其實就是養育職責，從微觀層面講，它可以由任何有能力的人來完成；從宏觀層面講，它應該是整個社會的責任。

但在現實中，養育職責大部分都落在母親頭上，本該由整個社會代代相傳的這份職責和相關經驗，大部分還只在一代代女性之間傳承。

關於怎樣養育孩子，母親需要傳承給女兒的經驗實在太多。

- 怎樣找到一個適合做父親的男性。

- 要為懷孕做哪些準備。
- 孕期怎樣照顧自己。
- 怎樣分娩，產後怎樣調養身體。
- 怎樣照顧嬰兒的吃喝拉撒，怎樣理解並安撫嬰兒的哭鬧。
- 怎樣斷奶，怎樣給孩子添加副食品。
- 怎樣幫孩子養成規律的作息習慣。
- 怎樣回應孩子。
- 怎樣幫助孩子應對生活和學習中的各種困難。
- 怎樣解決孩子和朋友或同學之間的衝突。

……

女兒是怎樣學會這些養育職能的呢？主要通過兩個管道：言傳和身教。

（二）言傳

「言傳」方面，女兒常常體驗到挫敗和卑微。在「怎樣做母親」這門功課上，母親總是比她更有發言權。女兒自己就是母親的「養育成果」，要指摘母親的養育方式並不容易，這意味著要承認自己「有缺陷」。而母親遇到任何爭議都可以用「資歷」來壓制：

「妳現在還年輕，以後妳就懂了。」

「都把妳養這麼大了，我還不知道怎麼帶孩子嗎？」

「妳現在想得簡單，不聽我的，將來後悔都來不及。」

鞋匠的兒子和鐵匠的兒子有一天也許能成為更優秀的鞋匠和鐵匠，或者成為醫生、律師、警衛、生產線工人，從而不必再和父親比較。但在養育這件事上，女兒可能永遠都「不如」母親——至少母親會這樣認為。即便女兒成為非常優秀的職場女性，而母親在事業上一事無成，但在結婚、生產、育兒這些領域，母親還是可以指點、教導甚至支配女兒。我在諮詢工作中也發現，母女之間矛盾集中爆發的時期，除了青春期，最多的就是在女兒生育、開始進入「母職」的階段。

（二）身教

母親可能會告訴女兒許多事，但那些最重要的東西，往往要透過「身教」來傳授。女兒成年後養育孩子的方式和品質，很大程度上取決於自己兒時得到的養育方式和品質。

這就是為什麼當代的母親們雖然能從許多育兒專家那裡學到關於養育的知識，卻僅能把其中一小部分吸收轉化成自己的習慣。她們常常沮喪地發現：道理很簡單，但我做不到。

這種在互動中潛移默化傳遞的行為模式，正是透過女性，透過母女代代相傳，影響到我們的子子孫孫。

第二章

不健康母女關係的本質：母職的缺失

在具體討論不健康的母女關係之前，我們需要先瞭解母親在母女關係中扮演怎樣的角色，發揮哪些作用。幾乎所有不健康母女關係的原因，都可以歸結為成年家庭成員沒有發揮好自己的養育職能。

這一判斷包含以下幾種情況：

- 母親沒有發揮好自己的養育職能。
- 其他人沒有給予母親足夠的支持和配合，協助母親發揮好養育職能。
- 在母親沒有能力發揮養育職能的時候，其他家庭成員沒有補上這個「缺」。

由於本書討論的是母女關係，我會用「母職」一詞來指代「養育職能」。但我們需要時時留意，不要把養育默認為女性的工作。每個為人父母的人都有養育職責，只不過在我們所處的時空中，它碰巧常常被分工給女性。

接下來，我們將討論幾種對女兒性格影響最大的養育職能。

第一節　母親的六大職能及其完成度對女兒的影響

一位母親，不論她個人有多麼特別，如果她不是我們的母親，並不會對我們產生多大影響。她能影響我們，正因為她坐在了「我的母親」的位置上，在我們的成長中承擔了「母親」的重要職能。

許多關於「母親的職能」的文章或圖書，常常給女性帶來壓力和焦慮，令未生育的女性望而卻步，令為人母的女性憤憤不平：

「憑什麼這些事情都該由女人來做呢?!憑什麼孩子沒養好都應該由母親來背黑鍋呢?!」

養育孩子的工作主要落在母親身上，其背後有複雜的歷史和社會原因。但這並不是本書要討論的問題。本書討論的是，在女性養育孩子的過程中，母親可能給女兒帶來哪些不良影響，以及如何減少這些影響。

在我翻譯的心理自助書《為何母愛會傷人》中，作者潔思敏・李・科里（Jasmin Lee Cori）列出了母親的十個「角色」（這裡的介紹順序略有改變）。

- 生命之源
- 養育者
- 依戀對象
- 保護人
- 第一響應者
- 情緒調節器
- 鏡子
- 啦啦隊長
- 導師
- 大本營

如果真的存在所謂的「完美母親」，那可能就是這十個角色的結合了。來看看它們具體指的是什麼。

（一）生命之源

這是一種「我來自她的身體，我和她血脈相連」的感覺，是「母愛」最初的含義。母親給一個孩子最初的愛，就是在身體上孕育了他。這種愛之深沉與無形，就像空氣和水之於我們的意義——常常只有在失去它時，我們才意識到它有多重要。

許多人想像「母愛」時，不太會想到這一部分，這正是因為他們已經擁有了。那些被領養的孩子更容易感受到它的缺失，也許養父母對他們視如己出，他們也成長得十分健康，但成年之後，不少人都會想尋找自己的親生父母或其他兄弟姊妹。

「他的鼻子跟我一樣！」、「她也是左撇子！」那種在別人身體上認出自己的感覺，就是找到了「源頭」的感覺。

（二）養育者

孩子出生以後，母親的另一個重要職能就是養育孩子。這種養育，既包含身體層面的餵養，也包含情感層面的滋養——後者是一種「媽媽愛你」的感覺。這兩者有時是一起出現的，比如當媽媽餵孩子好吃的食物時，孩子也能感受到媽媽是愛他的。

（三）依戀對象

孩子對母親的依戀，既包括身體上的，也包括情感上的。母親是孩子的依戀對象，當孩子遇到高興的事、自豪的事、悲傷的事、挫敗的事時，都想撲進母親懷裡告訴她；而當孩子遇到可怕的事時，只要拉住母親的手，或聽到母親的聲音，或遠遠地看到母親，甚至看到母親的照片，就會感到安心。如果母親做不到這一點，孩子成年後就容易感到孤獨無依、不被人接納、沒有安全感，親密關係中正常的肢體接觸也會令她感到不適。

（四）保護人

孩子需要有人保護自己不受傷害，這樣才能獲得安全感，並信任這個世界。

要保護好孩子，母親需要留意大量的生活細節：奶粉安不安全、飲水乾不乾淨、洗澡水會不會太燙、傢俱是否容易碰倒、一些小東西會不會被孩子吞下去、孩子玩的遊戲有沒有危險、怎樣教會孩子遵守交通規則、怎樣防止孩子被拐騙、怎樣防止孩子被同齡人霸凌……。

當代社會中，孩子需要的保護職能越來越繁重、複雜，已經成為很多母親的焦慮誘因。

（五）第一響應者

在嬰幼兒時期，母親就是那個「你一哭，她就出現在你面前，帶著關切看你需要什麼」的人。這一角色會讓孩子變得自信和樂觀，他們知道自己有任何需要的時候，都會有人來到身邊，如果這人是飛奔而來，他更會感覺自己是重要的。

長大之後，第一響應者則是「在自己需要時會第一時間伸出援手」的人。

（六）情緒調節器

伸出援手還不夠，很多時候，孩子對大人的需要是情緒層面的，需要大人來安撫自己的情緒。而調節器的作用，正是安撫孩子的情緒。

（七）鏡子

母親的另一個重要職能，是讓孩子感覺到被理解了，並逐漸理解自己。簡單地說，就是讓孩子看到：「啊，原來我是這樣的！」

在語言能力發展之前，這種鏡像主要是身體層面的：孩子笑母親也笑，孩子做鬼臉母親也做鬼臉——這樣的鏡像，既讓孩子瞭解到自己是什麼樣子，也讓孩子意識到媽媽是懂他的。

當孩子長大一些，這種鏡像就開始借助語言表達來完成了。語言的鏡像，會發生很多忽視、放大或扭曲。許多母親在鏡像孩子時，常常忽視孩子情感層面的不舒服，而放大身體層面的不舒服，一旦孩子出了什麼找不出病因的身體症狀，就給孩子吃這個補那個，而不會考慮孩子是不是遇到了一些情緒困擾。

一些母親會帶著嚴苛的標準來鏡像孩子：她們總覺得孩子不夠好，只能看到孩子的缺點，而且會把缺點放大後回饋給孩子，在這樣的鏡子面前，孩子常覺得自己很差勁，為自己感到羞恥。

還有的母親會把扭曲的形象回饋給孩子。比如孩子表達出憂傷和難過，母親說的是：「其實你就是太閒，找點事做就好了。」有真實痛苦的孩子，在母親的「鏡子」裡成了一個無病呻吟的人。

（八）啦啦隊長

孩子需要有人認可、欣賞自己，為自己感到驕傲、自豪，並為自己喝采，這樣的熱情支持可以為孩子樹立信心，感受到自己是有價值的。

（九）導師

孩子需要有人在自己的成長道路上，對自己進行正確的引導。作為導師的母親也有傳承的作用，她把生活和人生的經驗傳遞給孩子，讓孩子比長輩們生活得更容易些。

（十）大本營

這一職能會延續到子女成年。他們也許已經獨立，有了自己的生活，這時充當大本營的母親，可以讓他們感受到自己是有支持、有依靠、有退路的，遇到困難可以隨時回去尋求幫助。

另外，我又加入了「性別身分榜樣」這一職能。在一個性別角色相對固化的社會裡，絕大部分女性面臨的最主要問題仍是「我要成為一個怎樣的女人」，以及「我能成為一個怎樣的女人」。在這些問題上，母親往往是她們最早、最重要的參照。

母職有那麼多內涵，大多數母親都不可能完全做到。在比較幸運的家庭中，她也不需要完全做到，周圍的人，比如父親、爺爺奶奶、外公外婆，或者其他親戚，也能多多少少分擔這些職能。比如爸爸充當保護人，老人充當導師，而整個家庭充當大本營。

所以，有的人雖然從母親那裡直接得到的愛比較少，但有其他人的支持，也能成長為一個健康、樂觀的人。反過來講，如果一位母親做得不夠，也可能是因為支持她的人太少，她不得不獨自承擔所有的職能。

接下來，我將重點討論其中六個較難由他人完全代替母親分擔的職能，母女關係裡許多問題的根源也正在其中。其他一些職能，比如「養育者」、「依戀對象」、「保護人」、「啦啦隊長」、「導師」，雖然也很重要，但很多時候可以由他人代勞，限於篇幅不予單獨展開說明。

第二節 職能一：母親是女兒的創造者

母親作為女兒的創造者，對女兒懷有的情感可能非常複雜。

（一）希望女兒滿足自己的需求

古希臘神話中賽普勒斯的國王畢馬龍就表現出這種情感。這位善於雕刻的國王雕刻了一座美麗的象牙少女像，並愛上了它，給它取名伽拉忒亞。他對它注入全部的熱情和愛戀，打動了愛神阿芙蘿黛蒂，後者賦予雕像生命，使之成了畢馬龍的妻子。

站在畢馬龍的角度，這也許是最美妙動人的故事。但如果站在伽拉忒亞的角度看，這位可憐的姑娘剛剛擁有了生命，感受到自身的存在，就發現自己和一位陌生男子共處一室，對方還宣稱是她的丈夫，因為愛神阿芙蘿黛蒂賦予了她生命並安排了這樁姻緣！她內心的感受會好嗎？

有的母親養育女兒的過程，其實就是療癒自己內心創傷的過程。如果她對丈夫的懦弱感到失望，就要把女兒塑造成一個可以遮風擋雨的堅強女人；如果她為自己早年的貧窮深感苦悶，就要把女兒塑造成能夠給她提供經濟支持的人；如果她缺乏照料和關懷，就要把女兒塑造成特別體貼她的人。

而且這一切有可能是下意識地發生的，連她自己也沒覺察到。

女兒在懵懂年紀裡常常任由母親「雕琢」。當她有了自我意識的那天，也許就像活過來的伽拉忒亞一樣，一方面，自己對世事毫無經驗，也不知道有別的可能性，只好順從母親安排；另一方面，自己可能感受到一種難言的苦澀：「我是誰呢？我到底為誰而活？」

（二）希望女兒優秀卓越，證明自己是個了不起的創造者

許多人都希望證明自己是優秀的、有價值的，並希望獲得他人的認可和讚許。在性別角色僵化的社會，去外面冒險的男性，有無數種證明自己的方式，但「主內」的女性，證明自

己的方式就相當有限。廚藝精湛、會持家之類的成就，當然遠不如撫養出一個優秀的孩子那樣能證明自己。

這種願望可能會使母親對女兒有過高的期待，並對女兒進行過度掌控。

（三）認為女兒是自己的所有物、是自己的一項投資

「無私的母愛」並不是一種廣泛存在的自然天性，而是一種心理狀態。不在這種狀態裡的母親，有的對女兒進行粗放餵養，只期待她活下來；有的雖然對女兒進行精心調教，不斷提高她的素質，但不過是希望女兒將來能夠更有能力回報自己。

（四）希望女兒像自己一樣優秀，但絕不會超越自己

對自戀的人而言，「自我複製」有時會帶來相當大的滿足感。

「我如此優秀，還能創造出一個和自己一樣優秀的女兒，讓自己優秀的基因延續下去！」有的父母很喜歡聽別人誇讚：「這孩子真好！像你！不愧是你生的！」

這種誇讚極大地滿足了人性中自戀的部分。但如果別人說的是：「真是青出於藍，一代

比一代強啊！」父母心中自戀的部分就會有些受傷，有時甚至要找機會好好表現一下，讓別人讚嘆「薑還是老的辣」。

對自戀的母親而言，最開心的莫過於聽到別人說她的女兒和她一樣漂亮，這既肯定了她作為創造者的成功，也肯定了自己的美。

但如果有人說女兒比她還漂亮，自戀的母親就會不高興了。「作品」超越了自己，會給自戀的創造者帶來一定的打擊。

（五）不願和女兒分離

有些母親從來沒有做好和女兒分離的心理準備。母女常年形影不離、親密無間、無話不談，以至於母親下意識地隱藏了女兒成年後會和她分開的事實，直到女兒外出讀書、工作、結婚時，才不得不面對這個「突如其來的打擊」。

還有的母親即便到了這種時刻，也不願接受分離的現實，即使生活中和女兒相距較遠，也會和女兒保持過度密切的聯繫。

第三節　職能二：母親是女兒的鏡子

人對自身的感知，最初是來自他人的回應。

許多人喜歡說：「我可不在乎別人怎麼看我。我又不是為他們而活的。」，或者說：「走自己的路，讓別人去說吧。」

其實對自己或他人的這些提醒，對心靈產生的作用往往是微小的。人並不會因為要求自己不要在意別人的評價而變得自信，至多只能讓自卑的感覺不再加深。他人回應對自我感受的影響，滲透在社會生活的各方面。來看下面幾個例子。

- 許多人追求豪宅、名車、名錶、名牌服飾，並非單純為了滿足虛榮心。在心靈的世界裡，「虛榮心」這個詞算不上一個表述精準、言之有物的概念。事實上，這些東西的確能在一定程度上「治療」人的自卑。特別是當別人看到他擁有這些東西而表示讚賞和羨慕時，別人的態度往往讓他覺得自己變得更有價值、更高貴了。

- 全球化進程伴隨著很多文化上的碰撞、交流和融合，其中也可以看到「他者」作為鏡子帶來的影響。比如當重男輕女、經濟不發達地區的年輕女性進入性別較為平等、經濟更發達的地區求學或工作時，會感到更輕鬆、更自信、更有掌握感。全新的世界在眼前展開，其中包含的一切可能性，大部分不會因為自己的女性身分而關閉，她們發現只要稍加努力，就能在別人那裡感受到尊重和認可。這和她們原來所在的世界大不一樣。
- 愛情之所以美妙，一個原因是在愛的光暈中，我們對自己的感覺變得更好。從對方灼熱的眼神中，我們感受到一個魅力無窮的自己。
- 許多孩子的自信源自於他從大人眼中看到的自己。如果他的出生，在大人眼中是件意義重大的事，那麼在生命最初的幾年裡，他可能會時常感受到來自父母與家人欣賞、喜愛和重視的目光。

「媽媽的小寶貝！」

「你太可愛了！」

這樣的感受持續出現幾年，就會在孩子的人格中打下穩定的自信基礎，成為一種背景性的「我是好的」的感受。這樣，當他們在以後的歲月裡遭受挫折時，也會很容易重新振作起來。

這些例子說明，他人的回應對一個人的心理建設非常重要。

在重男輕女的文化中，對有些母親而言，女兒的出生帶給她的是一種失落感：沒能為丈夫延續香火、在婆家的地位跌落、撫養過程要操更多的心、長大嫁出去就成了別人家的人……。

這種情況下，女兒會在母親和周圍的人眼中看到怎樣的自己呢？

女兒會感到自己沒有價值、多餘、拖累、不配、沒有存在的意義、給母親添了大麻煩、受了養育的巨大恩惠、需要在未來償還……。

這樣糟糕的自我感覺，可能一生都在侵蝕女兒，讓她在學校和職場上不敢和男性競爭，談戀愛時只找明顯「配不上」自己的男性，進入婚姻後主動犧牲自己而成全對方……，這種悲劇命運的基調，正是被最初周圍人的回應和態度定下的。

第四節　職能三：母親是女兒的性別身分榜樣

女兒從母親眼裡看到「自己」的同時，也會從母親身上看到自己的未來。當孩子想像未來時，常常要面對一個問題：「我以後要成為一個怎樣的人？」

「我要不要成為媽媽那樣的人？」

如果母親過得比較幸福，衣食無憂，身體健康，夫妻關係和睦，或者如果母親是個很有能力的職業女性，工作中獨當一面、受人尊敬，家人對她欣賞有加，自己也能在生活中自得其樂——那就太好了。

但多數女性婚後的生活並不是如此。有些女性承受著來自職場、家務、育兒的壓力，在工作和家庭之間努力保持平衡，常常感到身心俱疲；有的女性還會遭遇一些家庭問題，比如夫妻不睦、婆媳不和、家庭暴力、喪偶離異、經濟壓力等，生活得非常艱難。

如此情境下，目睹這一切的女兒很容易懷疑：「成為媽媽這樣的人到底有什麼好呢？」

但如果不像媽媽這樣，又能成為什麼樣的女性呢？

只有少數幸運的女孩能以母親做為性別身分榜樣，大部分女孩心裡想的是「我長大了可不要像媽媽這樣」。一些女孩成年後離開原生家庭獨自奮鬥，她們的一個重要動力就是，充分體會到母親命運的悲劇性，想到自己可能重複這種命運就覺得十分可怕。甚至一些直率的母親，也常常這樣教導女兒：「妳以後可不要像媽媽這樣啊。」並傳遞著自己的人生教訓：

「因為不好意思花家裡的錢，考上大學也沒有去讀，耽誤了一輩子。」

「我太老實了，妳爸家裡讓我辭職我就辭職，結果做了一輩子家庭主婦。」

「找對象的時候太年輕，考慮不周全，又不好意思多相處一段時間好好瞭解，覺得男人高高大大、眉清目秀，看起來老實就好，哪裡知道是這樣的人。」

「年齡大了還單身一人，老被別人說閒話，頂不住壓力就閉著眼睛隨便抓了一個。」

「那時覺得一身肌肉的男人很能保護自己，有安全感，誰知道他最常打的就是家裡人。」

「年輕的時候傻，父母說誰好就好，也不敢反駁，後來他們都走得早，自己的日子還是得自己過。」

「年輕時候容易被男人哄，父母提醒也不聽，非要跟著他。現在想一想，薑還是老的辣。」

但再多理智層面的提醒，都無法讓女兒完全脫離母親這輛「前車」的「車轍」。大多數女兒，要麼變得像母親一樣（意識到這一點時連自己也會感到驚訝），要麼成為和母親截然相反的人。

第五節 職能四：母親是女兒的及時響應者

母職的另一個重要功能是對孩子及時響應。

為了理解及時響應有多重要，你可以找一個週五的傍晚，走進最熱鬧的一間小飯館，找個方便觀察的座位，隨便點幾樣吃的坐一個小時。這樣的小飯館通常無法在最忙碌的時候，做到及時響應每一位顧客，這讓你有機會觀察到那些沒有得到及時響應的顧客是怎樣的狀態，甚至幫你回想起自己的類似體驗。

一些饑腸轆轆的食客，如果等了一刻鐘菜都還沒有送來，就會開始滿腹牢騷，一次次呼叫服務生催促上菜，抱怨他們上菜速度慢，甚至惡言相向。

菜終於上來了，服務生客客氣氣地表示歉意，食客決定暫不追究，吃飽再說。如果他們對菜色滿意，這事也許就過去了。但並非每次都能順順利利，各人口味不一，廚師也有失手的時候，菜鹹了、淡了、涼了、火候不夠，都會再次激起食客的怒火，有人會大聲嚷嚷要求理論，脾氣暴躁的人甚至會破口大罵。

週五晚上的成年人，就像打預防針回來的嬰幼兒。

那些嬰幼兒經歷了路途顛簸、在擁擠的醫院裡排隊等候、聞著奇怪的味道、不安地看著來來往往的陌生人，在兒童注射室門口一次次聽到其他小孩淒厲的哭聲，終於輪到自己，狠狠挨了一針，又被家長匆匆忙忙抱上車，繼續經歷一路顛簸。

回到家的那一刻，他會覺得委屈、暴躁，唯有安坐在自己的「小王座」上，抓著最喜歡的玩具，大人笑咪咪地端來他最喜歡的食物，才能讓他平靜下來。

如果這時爸爸還沒回家，媽媽要忙著做飯，又沒有其他人在家，嬰幼兒得不到及時回應，可能就會開始大喊大叫，哭鬧不休，對什麼都不滿意。

有一個詞可以描述沒有得到及時響應的狀態——被「怠慢」了。

如果你在一家餐廳或服務場所被「怠慢」，你可能以後再也不想去了。但那些長年累月被父母怠慢的孩子，卻沒有辦法選擇自己的父母，只能日復一日地忍受這種怠慢。

被母親怠慢的女孩，她的需求和感受要麼被忽視，要麼被敷衍，要麼被拖延，要麼被粗暴地滿足。

女孩如果長期承受這些怠慢，當然會出現各種負面情緒和心理問題。在她們心中，被及時響應的願望永遠不會消失，而是一有機會就自動出現。比如有的女性談戀愛時，會希望男朋友秒回訊息，希望他推掉朋友聚會和自己出去，希望他請假來陪生病的自己，希望自己想喝水時，他立即端來一杯不多不少、溫度剛好的水。

許多女孩在成長過程中都沒有得到足夠的及時響應。而對一些不幸的女孩，連「響應」本身都是相當缺乏的，甚至有時母親成了那個表達需求的人，女兒不僅得不到響應，還要去響應對方。第三章第一、六、七節，以及第四章第五、六節中提到的例子，都反映了這種類型的問題。

第六節 職能五：母親是女兒情緒的承載者和調節者

母職的另一大功能，是對孩子的情緒予以承載和調節。

母親對孩子情緒的承載和調節能幫孩子塑造穩定、堅韌的人格。這種人格本身又會成為情緒的自我承載和調節能力的基礎。

很多女性都能感覺到自己心裡有種未被滿足的願望，希望有人來耐心地承載和調節自己的情緒，例如：

- 難過時有個肩膀可以靠上去哭泣。
- 委屈時能得到支持和理解。

- 焦慮、擔憂時能得到寬慰和安撫。
- 想迴避困難時能得到寬容和體諒。
- 想撒嬌時能得到允許和接納。

這些在母親那裡沒有被滿足的願望，會被女兒帶進親密關係中。如果遇到在這方面能力相當缺乏的母親，女兒也可能被迫去承載和調節母親的情緒。

第三章第一、二、六、七節中講到的母親們，都很少具備這一職能。其他部分介紹的各種類型的母親們，雖然最大的問題不在於此，但在這一職能上或多或少都有所欠缺。

第七節　職能六：母親是女兒永遠的大本營

在我們的傳統中，很少有子女在成年後過一種完全「獨立」的生活。子女和父母之間通常會保持親密的互動和聯絡。

而這種親子關係的親密程度又會因性別配對有所不同。母女關係往往比母子、父子、父女關係更加親密。女兒在人生的諸多階段都有可能無法自己應對新挑戰，需要回到母親身邊，獲得技能和情感支持。

- 女兒青春期發育和月經初經時，需要母親教她怎樣選購合適的內衣、怎樣使用衛生棉、怎樣照顧自己的身體，並告訴她「這不是一件可怕的事，妳只是長大了」。

- 女兒談戀愛時，需要母親提醒她怎樣擇偶、怎樣避孕、怎樣避開「渣男」，當然不是需要母親出於恐懼和擔憂而一味地約束她，而是需要母親幫她「標出雷區」，同時支持她去探索。
- 女兒結婚時，需要母親幫她打點婚慶事宜。
- 女兒懷孕時，仍然需要母親提供建議和支持。
- 女兒在自己的孩子出生後，很可能需要母親的照料和陪伴。
- 如果女兒遇到孩子生病、與夫家不和、事業發展受挫、婚姻出現危機、離婚、單親育兒等人生難題，女兒會需要再次回到母親身邊，從母親那裡獲得支持和勇氣。

我說「需要」，是指母親在一定程度上可以完成這些職能的情況下。事實上，不同的家庭差異很大，不是所有女兒心中的母親都是「永遠的大本營」：有的大本營是荒蕪的，比如第三章第一、二、六節中介紹的母親；有的大本營是「有毒」的，比如第三章第三、四節中介紹的母親；有的大本營根本不存在，比如第三章第七、九節和第四章第六節中的母親；還有的大本營則像蜜糖做成的泥沼，比如第三章第八節介紹的母親。

如果大本營的功能無法實現，女兒又無法得到其他「有母性的長者」支持，常常只能孤立無援、磕磕碰碰、獨自探索人生道路。

第三章

九種常見的不健康母女關係

上一章介紹了母職對女兒人格發展影響最大的六個方面。認識了這些基本「營養素」，有助於理解在各種不健康的母女關係中，發生了什麼缺損。在這一章中，我們就來討論九種常見的不健康母女關係類型。

閱讀這一章時，妳多半會好奇：「我和母親的關係到底是哪種類型呢？」

有必要再次強調，這些類型（包括下一章要介紹的六種類型）之間並不是彼此排斥。妳和母親的關係可能以一種類型為主，又混合了其他幾種類型，並在幾十年的漫長歲月中逐漸演變、更替。

第一節　「看不見」女兒的母親和「空心化」的女兒

如果母親在生活等方面把孩子保護、照顧得比較好，但在情感方面「看不見」孩子，就會形成情感忽視。

情感忽視是一種隱蔽的創傷，從表面很難看出來，很多人不知道這種創傷的存在，甚至可能遭受這種創傷的人自己也感覺不到它。但它又那麼普遍，幾乎所有人都遭遇過，一些不幸的人則終其一生都活在周圍人的情感忽視中。

孩子在情感上的「被看見」，是他們人格發展的必需品，是上一章中提到的兩大母職——「及時響應」和「情緒的承載和調節」的基礎。唯有先「看見」情緒，才有可能「響應」、「承載」、「調節」情緒。

孩子可能遭遇的情感忽視包括：

- 悲傷哭泣時，大人說「別哭了」。
- 憤怒抗議時，大人說「閉嘴」。
- 想和大人傾訴時，大人說「別來煩我」。
- 受到欺負時，大人說「好好吃飯吧」。
- 感覺孤單、想找朋友玩時，大人說「快去寫作業」。
- 寫作業寫累了想休息時，大人說：「累什麼？小孩知道什麼是累？」

以及在所有這些時刻，大人冷漠地做著自己的事，彷彿什麼也「沒看見、沒聽見」。

所有的孩子在成長過程中都經歷過這些，因為大人並不是所有時刻都有耐心和愛心認真關注孩子的感受。而這些忽視會不會構成情感創傷，則取決於發生的頻率。想像一下，如果父母只在每週一這樣跟你說話，和他們除了週日每天都這樣跟你說話，分別會是怎樣的童年？

許多人在談論童年創傷時，常常忘記了「頻率」這個重要因素。比如A看到B有些難過，就問他有什麼不開心的事，B說想起小時候作業寫不出被父母打得哇哇叫，心裡很難過。A聽了之後不以為然地說：「這有什麼好難過的？我小時候寫不出作業也被打過，繩子捆著吊起來打，掃帚都打斷了呢！」

B聽了A這番話，覺得自己可能太小題大做了。二人關於這件事的對話或許到此結束。普通人C在一旁聽到，可能會得出這樣的結論：A是個樂觀、抗壓能力強的人，B比較脆弱、敏感。

但如果有機會還原童年場景，可能他們說的根本不是一回事。A小時候學習比較好，能輕鬆跟上學習進度，作業也能順利完成，唯獨一次跟著同學逃課而寫不出作業，被父母知道後打了一頓。

而B在學習上一向是「老問題」，幾乎每天的作業都寫不出來，父母脾氣暴躁，每次看見都要打，所以B幾乎每天挨打，每天都哭。

這兩種童年生活的品質是大不相同的。

母親「看不見」孩子，常常是因為她自己也沒有被「看見」。比如很多母親無法回應遭受外界傷害的女兒，很可能是因為在她自己的成長過程中，聽說、目睹或親身遭受過的類似傷害都不了了之，沒有任何人幫受害者應對。

母親對女兒的情感忽視，有時就像一個窮人對另一個更窮的人吝嗇。

那麼，在情感忽視的創傷中長大的女孩會是什麼樣呢？

這樣的女孩常常會形成所謂的「假自體」。這樣的女孩總是在思考：我應該做什麼？怎樣做對我比較好？這種「應該」和「好」的標準，大多是外界施加的，而不是她們從「自己內心的真實感受和獨特需求」出發去追求的標準。

如果這種狀態一直持續，女孩可能會長成一個讓人羨慕的乖乖女：學習認真努力，成績不錯，從不調皮搗蛋，沒有叛逆期，待人禮貌，甚至發展出豐富的才藝（但談不上愛好）；她看起來總是波瀾不驚，甚至臨危不亂，不過身體不大好，這裡或那裡總有些小毛病（往往是情緒壓抑導致的結果）。

她們通常學業不錯，能找到一份穩定的工作，如果可以進入婚姻，進入的方式有時會非常順利——可以說是過於順利了：相個親，約會幾次，雙方父母坐下來談談，談妥，就成了。但在內心，她們常會感到空虛無聊，迷茫無措，快樂稍縱即逝，沒有熱情，生活沒有意義感，工作缺乏創造力，做事三分鐘熱度，沒有持久的動力。

她也許會有看起來一帆風順、衣食無憂的生活，而在潛意識層面，她被壓抑的情感一直暗潮洶湧，等待噴發而出的時機。當它突然爆發時，常常會讓她們的人生軌跡發生一個大轉彎：突如其來的疾病、情緒崩潰、休學、辭職、離婚，或者開始自我覺醒。

她們看似走了一條安穩的捷徑：理性、精明、步步為營。但事實上繞了一個大彎路，可能要以身心疾病或人生軌跡的大轉彎為契機，才能突破禁錮，重新探索真實的自我。她們會在三十幾歲、四十幾歲，甚至更晚的時候，才出現一個任性的「青春」叛逆期，去重修本應該在十幾歲時完成的人生功課，然後才進入真正的穩定和成熟的人生狀態。

正常的婚戀關係，通常會經歷一個雙方相互試探、考驗的時期，再確定下來。但對於在情感忽視中長大的女性而言，當自己的感受被對方看到、並被照顧到的那一刻，內心會得到久旱逢甘霖般的滋潤，因而立即認為自己遇到了所謂的「真愛」。

越來越多的女性已經發現了這類現象，用她們的話來說就是，「別人稍微對妳好一點就愛上他，都是因為小時候太缺愛了」。

這種婚戀關係往往不能健康發展，陷入這種困境的女性，需要認真梳理一下自己和母親的關係。

第二節　實用主義母親和學霸女兒

情感忽視的母親只是不關注孩子的感受，導致孩子也不關注自己的感受。有一類母親在這方面做得更過分，她們對孩子的感受不是無意忽視，而是有意地打壓，甚至教育孩子要忽視自己的感受。我們姑且把這類母親稱為「實用主義母親」。

「情感忽視」的母親雖然不關注孩子的感受，但對於孩子的感受，只要不給她們帶來麻煩，她們通常不會過問。也許母親會在孩子哭泣時粗暴地制止，但如果孩子玩得開心，她並不會橫加干涉——情感忽視的母親通常有她們自己更關心的事。

實用主義母親就不同了，在她們看來，童年就是為成年生活做漫長的準備，準備得充不充分，有沒有跑在別人前面，決定了未來一生的幸福。在她們眼裡，「兒童的快樂」沒有任何意義，只會浪費時間和精力，消磨鬥志。

所以，在實用主義母親看來，孩子應該只做對未來有用的事。

實用主義母親的口頭禪是：「這個東西有什麼用？」、「這件事有什麼好處？」

老派的實用主義母親是不許女兒玩耍的，玩具、衣服、零食、裝飾品、志工活動、同學的生日會都是「沒用的」，她們不會讓這些「沒用的」事物進入孩子的生活。什麼是有用的呢？自然是學習成績。實用主義母親在其他方面也許一毛不拔，但如果要給孩子買參考書，或者送孩子上輔導班，是相當捨得的，「好鋼要用在刀刃上」。

新派的實用主義母親，則會讓孩子過一種備受限制的「豐富生活」：可以玩遊戲，只能玩「益智遊戲」；可以看課外書，只能看有助於提高學習成績的書；可以和同學一起玩，只能和勤奮用功成績好的同學玩；假期可以出去旅遊，但得參加「遊學夏令營」；可以發展興趣愛好，但要刻苦練習，考試拿證照……。

實用主義母親養育的女兒會是什麼模樣呢？

老派實用主義母親往往有低調、樸素、不愛社交的女兒。她們常穿沒有性別特徵的衣服，平時不苟言笑，很少參加課外活動，空閒的時間都在學習，交朋友也只結交愛學習的同學，和朋友聊天也常常是在討論習題。什麼穿衣打扮、時尚雜誌、言情小說、男生的小字條、女生的流言蜚語……，這些事情都和她們無關。整個激盪起伏的青春期，她們都待在教室裡認真學習，是同學們眼中無趣的學霸。

新派實用主義母親的女兒則可能是多才多藝的淑女，成績優異，鋼琴十級，上課坐得端端正正，跟每個人都相處得不錯，卻沒有特別親密的朋友。

學霸女兒和實用主義母親早年通常可以和睦相處。一方面，母親的威壓和逼迫雖然讓學霸女兒備受限制，但自己取得的學業成就、社會成就和別人羨慕的目光，讓學霸女兒的內心得到一種平衡，認為「吃這些苦是值得的」；另一方面，學霸女兒在母親的影響下，已經習慣了長期忽視自己的感受，在她們眼裡，那些需要玩樂，甚至為此和父母、老師起衝突的孩子，才是「不正常」。

到了談婚論嫁的年紀，學霸女兒和實用主義母親的關係就可能出現問題了。

實用主義母親一如既往地要求學霸女兒把婚戀這件事當成學習來處理：學習穿搭化妝、禮儀步態、表情控制、待人接物……，她把結婚當成另一場升學考試，讓女兒的「成績」盡可能優秀，然後從可以選擇的對象中挑出最優秀的——前一個任務女兒負責努力，後一個任務由母親來掌控。就像女兒參加升學考試一樣，女兒負責考高分，母親負責選擇志願學校。

但在女兒的婚戀這件事上，實用主義母親會受到前所未有的挫敗。學業和事業可以靠實用性和工具理性來推動，戀愛和婚姻卻要靠情感和慾望推動。得到母親新命令的學霸女兒，即便開始講究穿著打扮、相親約會，也會表現得很不自然、難以成功，因為她們本來就是奉母親的命令去執行，自己心裡並沒有對異性和愛情的渴望。

許多學霸女兒要進入穩定的親密關係都比同齡人還晚，情感和慾望對她們而言是一個陌生的、被壓抑的領域，實用主義母親提多少建議都無濟於事。一些女性在潛意識中對親密關係不僅沒有興趣，反而有深深的恐懼，因為她們最重要、可能也是唯一的親密關係——和母親的關係，已經是一段傷害性的關係。

學霸女兒的婚戀關係常常出現兩種極端。

一種是把戀愛和結婚當成另一份工作，用理性計算來完成，進入一段看起來很好，實則情感疏離的婚姻，以滿足實用主義母親的要求。

另一種是放飛真實自我，和不可靠的男性展開一段激烈的關係。她們對親密關係的真正渴望，恐怕不是實用主義母親期待的那種清白人家的上進男孩，而是壞男孩：性感、衝動、不可靠、不確定，甚至有些瘋狂和危險，這些特徵可能正是學霸女兒內心長年壓抑的那一面。

第三節　焦慮、控制型的母親和備感束縛的女兒

一些女兒會抱怨母親控制慾很強。那什麼叫控制慾呢？

控制就像一根綁在對方身上的繩子，有時是必要的，就像嬰幼兒學步階段，有的父母會用專門的繩帶束縛在孩子身上，另一頭牽在自己手裡，以防孩子摔倒；有時控制卻是多餘的，甚至讓人痛苦，就像孩子已經可以安全奔跑時，仍要用這樣的繩帶將他們束縛。

控制是不是過分，取決於控制方式和程度是否和孩子的發展狀態匹配。

比如對一個十歲的孩子，要求他晚上九點前必須回家，去哪裡、和誰一起玩都要告訴父母，這樣的做法並不過分，甚至非常必要。

但對一個二十歲的孩子（已經是成年人了！），這樣的要求可能就沒必要了。

許多母親都對女兒有超出必要範圍的控制，比如有的母親會要求已經成年的女兒：

- 按照母親覺得「得體」的方式穿衣服。
- 交往的朋友，無論男女，都必須清楚對方的家世底細，並徵得自己的同意。
- 和誰一起出去玩、做了什麼，都要如實地告知自己。
- 涉及人生選擇的大事，比如考試填志願、找工作、定居、買房、擇偶等，都必須先經過母親的同意。

這些要求算不算「過度控制」呢？這是母女之間，甚至兩代人之間經常爭議的話題。如果女兒和同齡的閨蜜說：「我都二十歲了，我媽還用這些要求來約束我。」，閨蜜可能會深表同情：「是啊，都什麼時代了，還這麼古板！」

而如果母親去跟她的同齡朋友抱怨：「我就給她提了這一點要求，她居然覺得我過分，真讓人生氣。」對方可能也十分理解：「是啊，妳這都是為她好啊！女孩不好養，現在壞人那麼多，出事怎麼得了？等她以後嫁人，自己當了媽，才會明白妳的一片苦心。」

母女之間為什麼會有這樣的代溝呢？恐怕是因為她們看到了兩種截然不同的世界。二十世紀八〇年代到二〇〇〇年前後出生的女性，看到的是一個經濟日漸繁榮、生活日趨豐富、相對安全的世界，自然也會想參與這種繁榮和豐富，她們早早學會打扮自己，參與同齡人的各種活動和交際，甚至發生一些浪漫的愛情故事。

而二十世紀五〇年代到七〇年代出生的女性，雖然她們在成年之後也看到了世界的繁榮和豐富，但很難切身感受這些東西。相反的，她們的心靈常常留在過去，活在自己早年看到的世界裡。

許多人無法理解自己的父母，不明白他們為什麼拿著退休金不愁吃喝，卻願意為了買便宜的白菜，忍著膝蓋疼痛，提前半小時到超市門口排隊；每次來看子女，都要帶一大堆食物把冰箱塞滿；買來的東西用一段時間卻找個藉口退掉，還自以為占了便宜……。其實他們既不是「素質低」，也不是「想不開」，只是心靈還活在過去飢餓和匱乏的創傷中，因而保存著當時情景下的最佳生存策略。

有些母親對早年經歷的事情諱莫如深，拒絕討論，故而感受層面留下的陰影更難驅散。她們總覺得這個世界不安全、不友好，四處布滿陷阱、潛伏著危險。她們會被各種負面的社會新聞吸引，因為這些訊息激發的焦慮和不安，正和她們對這個世界的感受相吻合。

正值青春的女兒則難以理解母親的這種態度。因為她們一路讀著教科書長大，被世界日新月異的變化所吸引：流行的服飾、剛上市的科技產品、好看的電影動漫、偶像的最新動態……。

除了時代變遷的因素之外，女兒和母親由於年齡的差異，她們之間當然也存在著「風險偏好」的差異。所謂「初生牛犢不怕虎」，未經世事者，總是更敢於冒險。

公園裡剛學會走路的孩子，看到幾公尺遠的牽牛花，會快速往前走，只想立刻抓在手裡。身後的母親則一下子繃緊了神經，擔心路上有石頭、青苔、臺階，或溜直排輪的孩子朝這邊衝過來，所以她要立刻上前拉住孩子。

這種「拉扯」，通常會在家長和孩子之間持續很多年。

但是如果母親由於創傷導致的不安全感、被拋棄的恐懼，甚至被害妄想過於強烈，她對女兒的控制就會超出常態，讓人窒息。

● 生存安全感不足的母親，可能會在女兒牙牙學語時，就教她數學和英語，希望她一路學習優秀（且僅僅學習優秀，體育、文藝、外表穿著，都不要出眾）；在出類拔萃的女兒終於畢業後，又要求她從事一份穩定的工作，例如醫生、公務員、教師，全然不顧及女兒個人的興趣和潛力。

- 有被拋棄恐懼的母親，早年可能沒有穩定的情感依戀對象，所以下意識希望女兒來扮演這個角色。她們喜歡即時掌握女兒的各種動態，也許嘴上說「為了妳的安全」，但其實是擔心女兒「拋棄」自己。有的母親會希望女兒秒回訊息，如果女兒沒有接電話，就會懷疑她是不是出了什麼事；有的母親會以各種理由阻止女兒去外地求學或工作；還有的母親不能接受女兒有任何自己不知道的「小祕密」——在她們看來，「祕密」意味著「隔心」，「隔心」意味著背叛和拋棄。
- 有被害妄想的母親，則會時常用負面的社會新聞案例對女兒進行說教。

備受束縛的女兒，起初多半會接受母親的控制，犧牲自己的感受和願望，以維持和母親的良好關係。但當她們的自我力量累積起來時，可能就會開始反抗母親。

這種反抗有時是明顯的，比如生氣、發火、爭吵；有時則是隱祕的、無意識的，女兒自己也察覺不到。比如母親想讓女兒用功學習，女兒卻常常對著書本發呆；母女二人一起出門旅遊，「一不小心」就走散，女兒的手機還偏偏沒電。

過度的控制遲早會引發反抗，兩、三歲的孩子會透過亂扔食物反抗父母；青春期的孩子可能透過拒絕穿衛生褲或早戀來反抗；到了青年時期，這種反抗則可能是放棄自己的學業，或嫁給一個並不適合自己的人；到了中年，則可能會辭職、出軌、離婚……，反抗發生得越晚，破壞性越大。

當女兒意識到自己在反抗母親時，也許表面氣勢洶洶，但內心常有很多複雜的感受。

- 自責——「媽媽為我付出了這麼多，我居然還和她對抗。」
- 羞恥——「我這麼不孝順，沒臉見人了。」
- 失望——「為什麼媽媽不是我希望的那個樣子呢？」
- 恐懼——「我這樣對媽媽，她會不會不愛我？會不會憎恨我？」
- 同理心——當自己的反抗讓母親難過時，自己也會感到難過，彷彿受到了母親情緒的感染。

而母親意識到孩子在反抗時，也會有各種複雜的反應。

- 憤怒——女兒居然反抗自己。
- 委屈——女兒不能明白「當媽的一片苦心」。
- 被背叛和被拋棄感——女兒從此不屬於自己了，唯一一個無條件服從自己的人沒有了。
- 焦慮和恐慌，被害妄想被激起——「女兒這麼倔強，一定會吃虧的！真的吃虧了將來怎麼辦才好？」
- 失望——「女兒不會成為我希望的樣子了。」

如果母親不願體會失望的感覺，可能會加大控制力度，要麼用強勢的手段進一步壓制、掌控女兒，要麼用「弱勢」的手段，讓自己顯得可憐，甚至無意識地引發某種疾病，以此來脅迫女兒屈服。

另一種更嚴重的常見控制手段是下一節要介紹的內疚感控制。

第四節　內疚感控制型的母親和為母親而活的女兒

內疚感控制作為母親控制女兒的手段之一，往往很有效，所以不少母親會集中使用這種方式來掌控女兒，又因為這種掌控方式極難擺脫，因此給女兒的性格造成的負面影響也十分深遠。

所謂內疚感控制，就是透過引發對方的內疚感，來左右對方的行為和決定。最常見的內疚感控制的表達，就是這樣一個句型：「我做了……，（所以）你如果……，對得起我嗎？」比如：

「我辛辛苦苦把妳養這麼大，妳都三十歲了還不結婚，對得起我嗎？」

「我都被妳氣成這樣了，妳還要一意孤行，對得起我嗎？」

「我這樣做都是為妳好，但妳還是不領情，不懂我的苦心，對得起我嗎？」

雖然這個句型中間有個「所以」，彷彿有什麼因果關係，但細究起來，其前後內容之間其實沒什麼關係，只不過前者是母親的付出，後者是她的期待——可以說是一種「強買強賣」。

女兒很難擺脫母親的內疚感控制，她只要稍一懂事，就會發現母親的確已經為自己付出了不少。

有些女兒會用「以牙還牙」的方式應對母親的內疚感控制，比如母親要求女兒和自己安排的對象結婚，女兒明知這個人不適合自己，卻還是和對方進入婚姻，當母親看到女兒婚後生活不幸福而懊悔時，女兒卻會報復性地說：「現在妳滿意了吧？」從此之後，終於凡事可以自己做主，如果母親阻攔，只要重提這件事，就能讓母親感到內疚。

內疚感控制在母女之間很常見，父子之間卻很少見。它是一種柔性的、示弱的控制手段，可以把自己放在道德制高點上「綁架」別人。男性極少使用這種方式，因為他們不喜歡示弱，而更喜歡調動自己的權威和力量壓制對方。同時，男性也不太吃這一套，相比女性，他們更加自我，甚至毫不掩飾自己缺乏同情心。女性則更在意別人的感受，更願意維持一種

「善良」的外在形象。

日劇《凪的新生活》裡，女主人公凪的單親母親就是一個內疚感控制的高手。母親在北海道鄉下以種植玉米為生。女主角小時候有「密集恐懼症」，母親把煮好的玉米放在她面前時，她難受極了，緊緊閉著眼睛。母親見她不吃，直接把玉米扔進了垃圾桶。凪問：「妳怎麼扔了呢？」母親說「因為妳不吃啊！」並看著垃圾桶裡的玉米，裝出很難過的樣子說：「可憐的玉米啊，這是媽媽、外婆和大家拼盡全力、花費心血種出來的，都是因為凪，就這樣被扔掉了。」

說完，扭過頭意味深長地看著凪。從此以後，凪只能在母親面前裝出一副很喜歡吃玉米的樣子。

為了不感到內疚，凪完全按照母親期望的方式生活，放棄自己的夢想寄錢給母親修房子，同時把生活中所有人都投射成母親，在他們面前察言觀色、卑躬屈膝，處處遭受欺凌和剝削，同事一個眼神就讓她主動出來為別人的錯誤承責，最後導致她不堪精神壓力而辭職。

內疚感控制對雙方都會帶來負面影響。由於內疚感控制本質上是一種精神綁架，那些通常被用來擺脫控制的方法，比如抵抗、拒絕、反叛、還擊等，對內疚感控制卻毫無效果。被內疚感控制的女兒，許多都深陷其中無能為力，只能淪為母親的「提線木偶」。她們能找到的反制方式，往往還是內疚感控制，比如前面提到的，透過破壞自己的生活讓對方內疚。

內疚感控制對控制方影響也不小。女性常處於弱勢地位，一旦發現內疚感控制如此奏效，她們很容易深陷其中不能自拔，遇到什麼事都使用這一招。但就像前面所講的，內疚感控制者需要把自己放在受害者或犧牲者的位置上，為了坐穩這個位置，女性可能會故意讓自己受到一些傷害，或者持續做出犧牲。

比如，當母親發現「自己任勞任怨為家人付出」可以作為內疚感控制的籌碼時，就可能加強這種模式——明明可以請人來做家務，偏要拖著虛弱的身體親力親為；明明不缺食物，偏要每頓飯都包攬家裡的剩菜吃。這些事雖然對她自身沒什麼好處，但可以為她積累控制籌碼，以後當她想在家庭事務中發揮自己的影響力時，就會說：「我身體不好還每天做家務，吃飯的時候都把新鮮的菜留給你們。我為你們付出了這麼多，你們居然不尊重我的意見，對得起我嗎？」

這種控制他人的方式，可以說是「殺敵一千，自損八百」。但還是有些女性沉迷於此，因為這種方式的效果實在太好了，只要對方還在意自己，還不想被扣上「壞人」的帽子，就屢試不爽。

內疚感控制還有進一步的表現：身體化反應。有的母親讓女兒產生內疚感的方式已經不是語言表達，而是身體疾病或症狀。比如女兒不聽話時，母親就開始頭痛、血壓升高、犯心臟病，女兒看到母親因為自己而生病，會產生強烈的內疚感，只好對母親言聽計從。

不論哪一種，內疚感控制的方式都很容易被女兒學會，沿著母女關係代代相傳。

第五節　對自己人生失望的母親和「女承母志」的女兒

把自己生命歷程中的經驗教訓傳遞給下一代，可以說是一種本能。母親會傳授女兒一些經驗和技能：怎樣穿著打扮、怎樣和異性相處、怎樣保護自己、怎樣挑選結婚對象、怎樣備孕、怎樣分娩、怎樣坐月子、怎樣育兒……，這些事耗費女性相當大的精力，且隨著人生階段不斷更換內容和主題，母親對自己這些說不上多有經驗的經驗，總是迫不及待地傳遞給自己的女兒。尤其是關於擇偶和婚姻的經驗。

我的母親初中就讀女校，退休後在一次同學聚會上聊起各自的人生，母親回家後總結說：「其實女人後半生過得怎麼樣，主要取決於嫁了一個什麼樣的男人。當年誰讀書用功、誰學習成績好、誰有什麼特長和愛好、誰性格如何，這些因素在後來的人生發展中漸漸被稀釋，幾近於無，反倒是婚姻，幾乎決定了之後的一切。」

少有女性對自己的婚姻完全滿意，婚姻彷彿是女性的人生，「不如意事十常八九」。在哪些方面不如意，決定了母親會對女兒寄予怎樣的期望，施以怎樣的叮囑。

母親過度傳授經驗會給女兒造成一種「入侵感」（不是我的東西被硬塞給了我）。對待這種生硬的異物，女兒可能唯命是從、照單全收，也可能抵抗或者因為聽得太多而更加好奇，偏要反其道而行，甚至可能像本章第三節說的那樣，下意識地「陽奉陰違」（意識層面認同、潛意識層面反對）。

不論女兒如何反應，從長遠來看，母親過度地傳授經驗所帶來的弊端往往多過好處。比如：

- 遭遇家暴的母親常常希望女兒找一個文質彬彬、沒有攻擊性的男人，有時女兒自己也希望這樣。女兒因此會找到一個懦弱的男性，或者一個善於使用「被動攻擊」的男性。對方可能從不動用暴力，而是用拒不合作，或有意無意地暗中破壞來表達憤怒和不滿。在這樣的婚姻中，女兒雖然沒有受到身體傷害，日子卻過得相當煩心。

- 如果父親經濟條件不佳，社會地位不高，母親也會對女兒多有抱怨和叮嚀：由於父親不能掙錢，自己遭受多少生活的磨難，遭受別人多少白眼，每天為柴米油鹽挖空心思，上了年紀落得一身病痛⋯⋯，結論當然是：要找一個家庭條件好的男性結婚。
- 有的父親有大男人主義，認為自己已經掙錢養家了就可以什麼都不做，要母親獨自操持家務，甚至對母親呼來喝去，言語不敬，母親常常選擇忍受。在這樣的婚姻裡苦熬的母親會叮囑女兒：找對象，一定要找個尊重妳、平等待妳的人。
- 有的父親性格有問題，比如有某種人格障礙，或者蠻不講理，或者和自己的原生家庭關係過於密切，母親在家庭關係中也會備受折磨。這時她會告訴女兒：「找對象一定要看性格好不好，看對方的家庭和父母，千萬不要找『有問題』的人。」
- 如果母親善於觀察生活和總結，最終會給女兒一個綜合性的告誡：「找對象要找原生家庭沒問題的、經濟實力強的人，而且他還得有工作能力、尊重女性，脾氣性格也要好。」

母親或許認為自己的問題在於後知後覺，只要把這些「道理」及時告訴女兒，就可以幫女兒過得更好。

女兒自己想要什麼呢？母親看不到。

母親彷彿要讓女兒替不如意的自己重新活一遍，這樣就可以彌補她的一切遺憾、委屈和怨念。

女兒可能會在很長時間裡誤認為，如果相信自己的判斷、過自己想要的生活，就會傷害母親。她們要到相當成熟的時候，才會明白，傷害母親的不是自己，而是這個世界的真相。母親對她失望的痛苦，是一個從美夢中醒來的人的痛苦。

第六節　自戀的母親和自卑的女兒

很多女性都有自卑的心理。

有不少女性，她們可能已經很優秀，但仍覺得自己不夠好，認為自己只是靠運氣僥倖成功；在擇偶方面，則覺得自己配不上優秀的男性，常常在一些自大的男性面前表現得沒有底氣，甚至自我懷疑。

自卑的女性各有各的成長經歷，但她們的自卑會表現出一些常見的共同原因。

（一）性別自卑

有些女性從小可能受到一些暗示（或明示），認為女性在很多方面不如男性。這種暗示深入女性的內心，比如當女性在數學、哲學、寫程式、駕駛這些領域遇到困難時，很容易懷疑是自己不行，而不是像很多男性那樣單純地覺得這件事太難。

（二）大家族氛圍

有些家族中存在男尊女卑的封建思想，不僅女性在自己家族中不受重視，她的父母甚至也會因生下女兒而被人輕視。

這自然會加重女性的自卑。

（三）來自父母的苛責和過度要求

有些父母對女兒太苛責、要求過高，讓女兒以為是因為自己不夠好，才得不到父母的愛。於是，她們努力變得優秀，但換來的只是父母更高的要求和期待，彷彿他們對女兒的成就永遠不滿足，父母對女兒這種苛責的態度，會加深女兒的自卑。

（四）缺乏養成自信的條件

與自卑相對的是自信。

本書第二章重點講述的六大母職中，有三個都和自信密切相關。自信是怎樣產生的呢？

● 如果作為「鏡子」的母親能夠多給女兒讚賞和認可，女兒就會看到一個「好的」、「可愛的」自己。

● 如果女兒從母親那裡得到了足夠的及時響應，她會更有信心，覺得「我是重要的，我值得被尊重」。

● 如果母親能幫女兒承載和調節情緒，女兒就會更樂觀，覺得「有人會幫助我，一切都會好起來」。

這些都構成了女兒獲得自信的基礎。

（五）有一個自戀型人格的母親

這個原因是本節討論的重點。你會看到自卑是怎樣從母親身上，隱祕地傳遞到女兒身上。

並不是所有自卑的女性都會在心裡直接體驗到自卑的感覺。自卑的感覺讓人如此難受，為了迴避它，不少女性會透過扭曲現實，來製造一種「自己很不錯」的幻覺。於是，她們反而表現得很「自戀」。

自戀的人往往並不受歡迎，「自己很不錯」的想法不一定能得到別人的認可，但在女兒面前，她很容易讓孩子覺得媽媽「好厲害」，母親只要對女兒稍加解釋，就能在女兒面前感覺良好。比如：

- 自戀的母親可能沒有朋友。當這一點被女兒發現，母親可能會說：「這是因為大家都嫉妒我。」女兒聽了，會認為母親是一個過於優秀而被他人排擠的人。要到很多年後，她才可能發現真相：母親其實是因為自戀而交不到朋友。

● 有些自戀的母親不能照顧女兒的一日三餐，而是給點零用錢讓她自己解決。但她會說：「妳看別的孩子只能每天在家裡吃飯，我給妳那麼多錢，妳想吃什麼都可以去買。」

● 有的自戀的母親心思不在女兒身上，對女兒的學業和發展毫不關心，但會對女兒說：「媽媽非常開明，無論妳做什麼決定，媽媽都支持妳。」

聽這套話語長大的女兒，會覺得母親非常優秀，對自己也很好。當她們發現自己出了一些情緒問題（比如憂鬱）、感到極度自卑、無法完成學業時，常常會深深地自責：「媽媽那麼好，我還變成這樣，無疑是我自己的問題了。」

這樣的女兒甚至會對「原生家庭那一套」嗤之以鼻，她們即便尋求心理諮商，往往也要花很長時間，才能逐漸認清被母親扭曲的真相。

另一個能讓自戀的母親感覺良好的方式，就是貶低周圍的人。在外人面前，自戀的媽媽會努力讓人覺得女兒聰明，懂事又乖巧，因為她是「好媽媽」，女兒自然是好女兒。但在家裡，自戀的母親常常透過貶低女兒來維持良好的自我感覺。

●「妳就是長得像妳爸，要是像我怎麼會那麼難看？」

●「妳的衣著品味要是有我十分之一就好了。」

●「這麼簡單的事都不會做，我在妳這麼大的時候早就……」

女兒會把這些扭曲的評價奉為真理，因為是從媽媽口中說出來的——媽媽是個了不起的人。

自戀的母親為了逃避內心的自卑感，會對女兒進行貶低，直接導致女兒自卑；而她對現實的扭曲，又會讓女兒更難適應真實的生活，從而進一步加重了女兒的自卑。就這樣，自卑就從母親身上傳遞到了女兒身上。

自卑會對女性的一生造成很多負面影響。

一、迴避競爭和挑戰，學業和事業發展受限

自卑的女性會害怕失敗，害怕自己不如別人，害怕別人說自己不好，她們可能會儘量迴避一切冒險和挑戰，只肯做那些四平八穩、不可能失敗的事情。這當然會導致她們的才華和能力無法充分施展，而且這種情況可能會持續終生。

二、為別人做嫁衣

自卑的女性有時也有自己喜歡做的事，也想獲得投入工作的滿足感，想在工作中證明自己的能力，但她們不敢向別人證明，只敢向自己證明。她們害怕在鎂光燈下成功，那會帶來一種「我不配，我是假的，我只是僥倖成功，我羞於得到讚賞……」的感受。所以，她們有時會選擇「輔佐」別人，為別人做嫁衣。但這就會導致她們難以取得真正屬於自己的成就。

三、親密關係中「向下聯合」

自卑女性交往的男性，常會讓周圍的人覺得「配不上她」——其實她內心深處也知道這一點，甚至是有意選擇了這樣的男性。她覺得，在這樣的男性面前，自己終於可以抬起頭來，不會被苛責和挑剔，甚至會得到讚許和崇拜。

四、情緒抑鬱

一方面，自卑的女性如果被忽視、被苛責、被否定、被貶低、被嫌棄，很容易變得情緒抑鬱；另一方面，如果她們因為自卑而使才華無法施展、付出得不到應有的回報，也容易導致情緒抑鬱。

走出自卑當然有很多方法，這方面的心理學圖書和文章也非常多。但由於各種原因，不少女性仍然很難獲得真正的自信。如果自卑的女兒有個自戀的母親，而且母女比較親近，那麼這種母女關係往往是女兒獲得自信的最大障礙。

自戀的母親製造了一個扭曲的世界，自卑的女兒是其中一塊重要的基石，支撐了母親的自尊和自我良好的感覺。如果有一天女兒變得自信了，母親的虛幻世界可能會坍塌。這時如果母親沒有找到其他自欺欺人的工具，就不得不面對自身的真相：她其實是個非常普通的女性，而在做母親這件事上，也許她還比不上許多普通的母親。

第七節　坐在女兒位置上的母親和沒有童年的女兒

「烏鴉反哺」是很多家長喜歡拿來教育孩子的故事。就故事本身而言，父母年老衰弱，無法照顧自己時，子女用照顧父母作為回報，這樣的「反哺」合情合理，無可厚非。

但現實生活中，一些父母對「反哺」的期待過於急切、貪婪，他們把養育兒女當作一種永遠花不完的道德籌碼，在任何自己想要兌換的時間、場合，只要拋出一句「我辛辛苦苦把你養這麼大……」，後面的要求再怎麼過分都是天經地義。

他們可能沒有耐心等到孩子完全成年、自己衰老到無法自食其力時，再要求這種「反哺」，他們會儘早培養孩子的反哺意識和自覺，讓其深入骨髓，貫穿孩子的一生。

對「反哺」的期待更容易發生在母女之間，原因主要有兩點。

一、女性更容易被期待成為照顧者。

二、過去，很多女性從原生家庭得到的照顧和關愛較少，相比父親，母親的內心更匱乏，更缺愛，更需要孩子的「反哺」來彌補自己童年的缺失。

在倒置的母女關係中，母親很早——甚至在女兒還不懂事時，就有意無意地訓練女兒回報自己，承擔「母職」。比如，要求女兒：

- 在日常起居上照顧母親。
- 保護母親免受他人（比如父親）的傷害。
- 做母親負面情緒的垃圾桶。
- 安慰和取悅母親。
- 給母親安全感。

……

女兒不僅要做母親的「小棉襖」，還要做母親的「出氣筒」、「心理諮商師」和「父母」。女兒不僅要在生活上照顧母親，還得在精神上安撫母親說：

「妳是對的，他是壞蛋。」

「我一定會保護妳。」

「妳別哭了，我以後會對妳好的。」

「我永遠不會離開妳。」

「妳不高興就打我吧。」

這樣的女孩長大後，許多人都不願進入婚姻，不願組建家庭。而且由於童年記憶可能被壓抑，她們往往自己也不知道為什麼。但如果能把這種感受用語言表達出來，那就是：「我沒有童年，從小就被逼著做媽媽的『媽媽』，現在我終於長大了，何不自由自在地生活，為什麼要結婚、生子、做媽媽呢？」

還有一些女兒可能完全隱藏或否認這種創傷，轉而認為正常的母女關係就該是這樣。她們反而很樂意早點結婚生育，「女兒熬成媽」，好從自己的孩子身上加倍討回來——這樣，不健康的母女關係就代代相傳了。

第八節　不適當的認同和共生關係，造成母女關係孤島

這一節要講兩個概念：認同和共生。二者常常同時出現，並且會相互強化，像麻繩那樣擰成一種不健康的母女關係。

認同就是一種變得和對方一樣的傾向，認同的對象可以是人，也可以是某種事物。孩子對同性父母很容易產生認同，其中一部分認同是有意識的，是一種「我想和你一樣」的願望；另一部分認同則是無意識的，和對方相處久了，很自然地越來越像對方。

孩子對父母的認同包括認同他們的思維方式、觀念、情感和需求。

女孩對母親的認同，可能涉及生活的各方面：穿著打扮、說話習慣、為人處世等。如果

想知道認同母親對自己的影響有多深，妳可以先試著回答下面這些問題。

- 妳覺得什麼樣的穿衣風格比較好看？
- 做家務時妳有哪些習慣和偏好？
- 妳是怎麼做菜的？
- 妳覺得什麼樣的人值得交往？
- 妳覺得什麼樣的婚姻生活和家庭生活是好的？

回答完這些問題後，可以用這些問題去採訪一下妳的媽媽，看看妳們的答案有多少相似。

很多女性都沒有察覺到認同母親對自己的影響有多深。她們一直認為：「不是就該這樣嗎？」

認同的力量有時很可怕，有的母親一生命運多舛、遇人不淑、辛苦勞累。女兒如果認同了這樣的母親，有時會下意識地重複母親的命運，彷彿覺得只有和母親一樣悲慘，自己才是個好女兒，如果自己過上幸福的生活，那就是背叛了母親。

女兒對母親的認同，通常會經歷三個階段。

第一階段：大多數孩子在小的時候，會認為父母就是世界上最了不起的人。在沒有遭受重大創傷的情況下，小女孩可能自然地出現對母親的認同：「我要成為像媽媽那樣的人。」

第二階段：女兒慢慢長大，接觸的人多了，眼界也寬了，她發現母親並不是最優秀的女人，比母親更優秀的女人還有很多。這時，她可能會認同一位明星、公眾人物、歷史英雄或藝文作品中的角色——女兒開始想成為那樣的人。

第三階段：女兒越來越成熟，她發現這個世界多彩多姿，每個人有各自的活法，自己不需要變得像誰，只要做好自己就行。這是她精神上真正的獨立，她不再需要偶像和榜樣，她可能會向那些優秀的人學習，以其為參考來規畫自己的人生，而不是想成為對方。

但如果女兒對母親過度認同，她就會沿著另一條路徑發展。

第一階段和前面一樣，女孩自然地覺得「我要成為像媽媽那樣的人」。但在第二階段，女孩沒有轉而認同別人，而是加深了對媽媽的認同，想「變得和媽媽一模一樣」。而在第三階段，女兒彷彿實現了第二階段的目標：「我就是和媽媽一樣。」

認同，是一種快速學習、傳承經驗的方式，就像小鴨學鴨媽媽的樣子游水，小貓學貓媽媽的樣子撲老鼠一樣，女兒學媽媽的樣子穿著打扮，也是因為比起獨自探索，這樣的直接學習可以讓她更快找到讓自己受歡迎的方式。

母親當然也希望女兒認同自己，這能讓她感覺自己的經驗是有用的，生命得到了延續，精神得到了傳承。

越是在穩定的時代，認同越普遍。直接學習上一代的經驗，能省掉很多獨自探索的時間和精力。但在日新月異的時代，認同帶來的弊端就越來越多：女兒和母親所處的時代完全不同，過多的認同會讓她失去學習和探索的機會。

女兒對母親過度認同常見的原因有兩個。

一個常見的原因是，那些早年失去母親的女兒，還沒有完成對「喪失母親」的哀悼，於是透過保持對母親的過度認同讓母親「活在自己身上」。如果放棄對母親的認同，彷彿就讓母親「真正地離開了」。

另一個更常見的原因是，女兒對母親的認同得到母親的鼓勵，而對其他女性的認同則受到母親的打壓。也就是說，母親不允許女兒不認同自己。

一般而言，越是自戀、沒有安全感或控制慾強的母親，越容易用各種方法強化女兒對自己的認同；而心理健康、通情達理的母親，則會接受女兒成長過程中對自己認同的減少，慢慢消化隨之而來的傷感和失落。她知道，這樣才能讓女兒擁有更好的生活。

不少女性並沒有意識到自己對母親有過度的認同，但她們平時的思維習慣已經明顯表現出這一點。她們討論問題時常說：「我媽說……」，做決定或具體執行的時候，又常想：「如果是我媽，她會怎麼做？」、「如果我媽知道我這樣做，她會怎麼想？」彷彿母親就住在自己心裡，一舉一動都要向「她」請示。

如果家裡有許多兄弟姊妹，大女兒最容易過度認同母親。大女兒會認同母親到什麼程度呢？她可能會忘記自己是個孩子，忘記自己的需求和發展道路，以為自己是這個家裡的另一個「媽媽」，表現出超越真實年齡的成熟，承擔起過多照顧弟弟妹妹的責任，同時也像母親一樣管教他們。

這種過度認同母親的大女兒很辛苦，她們往往沒有自己的童年，小時候要照顧弟弟妹妹，長大後又要承擔照顧父母的角色，對家庭做出許多犧牲和奉獻。

過度認同母親的女兒，可能會喪失真實的自我：如果我不是和媽媽一樣的人，我還能是誰呢？

而真實自我的喪失則會阻礙她們學業和事業的發展。

許多女孩努力學習，是因為父母認為努力學習好，周圍的人也會因此給予更多關注和讚許，但她們並不知道自己真正想要什麼。選擇的學業和事業不切合真實的自我，動力就會不足，表現也不好，社會成就自然就低了。這會讓她們產生自卑感和低價值感。

所謂「共生」，就是兩個人之間沒有邊界：「我和你是一體的。」這種一體感常常會帶出一種願望：「我和你永遠不分離。」

和認同類似，共生也有健康和不健康兩種發展路徑。

健康的共生發展可以分為四個階段。

第一階段：「我和媽媽永遠不分離。」

每個人來到世上的最初一段時間裡，都和自己的母親是共生狀態。在出生前，孩子就是母親身體的一部分。出生以後，嬰兒依賴母親生存，母親和嬰兒在身體上有緊密的連接，在情感上也非常需要彼此，這種共生狀態仍然存在。

第二階段：「我可以離開媽媽一段時間。」

在這個階段，孩子已經建立起一定的安全感和獨立能力，可以暫時和媽媽分開。作為一個漸進的成長過程，這個階段很漫長，從一、兩歲時可以自己單獨玩一會兒，到上中學時可以住校一學期再回家。

第三階段：「我希望可以不時回到媽媽身邊。」

正像第二章第七節提到的，女兒很少在成年以後就不再需要母親（或是一個類似母親的角色），當她們經歷失戀、婚姻、懷孕、生育、離異等重大事件時，都有可能變得像孩子般無力和脆弱，希望再次回到母親身邊待一段時間，獲得母親的照料、支持和滋養。她需要母親做她堅強的後盾，做她的「大本營」，讓她在遇到困難時仍然可以回去。

第四階段：「海內存知己，天涯若比鄰」、「知道妳在那裡就好」。

在這個階段，女兒基本上不再需要母親支撐了，對母親的存在更多是一種情感的依戀，一種「知道妳在就好」的感覺。

相比之下，不健康的共生關係則相對停滯，沒有太多發展。女兒和母親「黏在一起，難捨難分」的狀態，可能會延續到青春期、成年期，甚至持續終生。

這種「你離不開我、我離不開你」、「你中有我、我中有你」的狀態，很多時候是舒適而甜蜜的：兩個人對對方的不快感同身受，相互關懷、照料，共同抵禦人生的孤獨，面對生活的磨難，彷彿「世上有你就夠了」。

但這種關係是排他的，一旦涉及第三個人，問題就會暴露出來。

不健康的共生關係對女兒最大的負面影響，會呈現在她與別人的親密關係方面，常見的情況有三種。

一、女兒結婚以後，情感上仍處在和母親的共生關係中。此時丈夫常會尷尬地發現，妻子什麼事都要和她的母親說，在她母親面前，夫妻幾乎沒有隱私可言。而且家裡的大事情，妻子都要和她母親商量。而妻子的母親也會毫不見外地插手女兒的家庭事務，使女兒和女婿長期沒有基本的私密空間，夫妻關係因此受到影響。

二、一些習慣共生關係的女兒，會在找伴侶時懷有一種共生幻想，簡單來說就是：「我們只愛彼此，其他人都不重要。」

婚後，女兒的共生幻想從母親轉移到伴侶身上。她和伴侶建立的關係是排他性極強的二元關係，任何可能介入這種關係的人都會引發她的嫉妒和敵意。在這樣的女性看來，不只第三者的出現會破壞她和丈夫的關係，就連公公婆婆、丈夫的男性好友，甚至自己的孩子，都是這種親密關係的潛在破壞者。

這種情感會讓妻子對丈夫過分猜疑，對他過往的感情經歷十分介懷。有的丈夫很照顧妻子的感受，願意儘量配合，好讓妻子對這段關係產生信任和安全感。他們下班按時回家，和誰見面如實告訴妻子，自己的手機和電子信箱都允許妻子隨時查看，同事、好友的聚會也儘量不參加。但即使這樣，妻子還是很生氣：「是啊，現在你心裡只有我，但在認識我之前，你的心給過別的女人啊！」

聽到這種話，丈夫會哭笑不得。這看起來像個死結，但其實問題的根源並不在夫妻關係，而在於妻子和她母親的共生關係——她還沒有放棄自己的「共生幻想」。

三、還有一些沒有走出和母親共生關係的成年女兒，根本沒有興趣尋找伴侶。女兒認為自己和母親相互瞭解、配合默契、交流順暢、有相同的三觀（世界觀、人生觀、價值觀）和生活習慣、相互信任、心疼彼此，不可能有某位男性能跟自己建立這麼舒適的關係。

過度的共生關係不僅對女兒有不良影響，對母親也有很大損害。

這種共生關係的持續，讓孩子永遠無法「長大」，也讓母親無法完成養育工作，無法進入下一個人生階段。

為什麼有的母親不願意女兒離開自己，而希望把不健康的共生關係維持下去呢？常見的原因有三個。

一、丈夫的缺位或情感缺失，可能讓母親把情感需求轉向孩子，希望孩子一直陪伴自己。

二、母親的童年創傷。如果母親的成長過程中沒有和父母形成穩定的依戀關係，可能就會希望在女兒身上補償這種願望。

三、「母職結束」帶給母親的恐懼和虛無。不少女性進入「母親」這個角色後，放棄了其他社會角色和發展的可能性（職業、事業或嗜好）。但孩子漸漸長大後，女性如何重建自己的社會身分和角色認同呢？面對這個大難題，一些女性下意識地選擇迴避，決定永遠停留在「母親」這個自帶道德光環和權力的角色中。

母親要做「永遠的母親」，深愛她的女兒就只好配合她做「永遠的女兒」了。

不健康的認同和共生常會相互強化。比如和一個人相處越久，越會覺得其三觀和生活方式理所當然，這就是共生加強了認同，進而越會覺得和其他人相處很麻煩，以至於沒有興趣和其他人相處，這就是認同加強了共生。

這種共生關係和認同的相互強化，會讓母女二人形成一座關係的孤島，使之走向封閉和停滯，不再展開各自的人生。

這樣的狀態不會永遠持續，當母親離開這個世界，女兒只能在孤獨無依中艱難地重建自己的人生。

第九節 嫌棄女兒的母親和憎恨母親的女兒

上一節介紹的認同和共生是「靠得太近」的關係模式，還有一種類型與之截然相反，就是「仇恨和拒斥」。

雖然仇恨和拒斥的母女關係模式不像共生和認同那麼常見，但也並不少見。

那麼，是什麼原因導致母女之間出現仇恨和拒斥的情感呢？

先說女兒。上一節提到，母親和女兒之間更容易發生認同和共生，共生是「我們是一體，永遠不分離」，認同是「我要和妳一樣」。但不是所有的母親都會讓女兒想和她在一起，和她一樣。

什麼樣的母親會引發女兒的仇恨和拒斥呢？常見的有三類。

一、母親不符合女兒心中的道德標準。
二、母親是被社會遺棄的邊緣人。
三、母親給女兒帶來過重大創傷。

而母親一定想和女兒更親近嗎？也未必，比如在產後憂鬱中的母親就可能不想和女兒親近。

母親可能因為下面這些原因，對女兒產生仇恨和拒斥的情感。

一、家族中存在重男輕女的思想，女兒的出生直接降低了她的家庭地位。
二、母親缺少他人的支持，由於獨自養育女兒遭受了異常苦難。
三、女兒的存在，啟動了母親幼年所受的創傷。
四、女兒的出生打破了原有的家庭關係格局，比如丈夫把對妻子的寵愛轉移到了女兒身上。這就意味著妻子不得不坐到母親的位置上，但對此她並沒有做好心理準備。

母女關係中存在或多或少的仇恨和拒斥，這一點並不難理解，畢竟，養育女兒這件事對母親來說原本是很大的負擔。而從女兒的角度看，沒有母親可以做到盡善盡美。女兒在成熟到足以接受這個現實之前，會對母親有抱怨和不滿，有時甚至想離母親遠一點。

母女之間的拒斥，可以讓她們適當拉開距離，母親能在一定程度上保有自我，女兒也有發展自己的機會。

但過多的仇恨和拒斥，會給女兒帶來多種負面影響。

- 女兒可能會拒絕女性身分，不想結婚，不想要孩子，討厭自己身體的第二性徵，甚至貶低女性。
- 如果女兒對母親的仇恨和拒斥受到外在力量的壓制，比如輿論或周圍的人要求她成為母親的「小棉襖」，那麼，女兒的憤怒和攻擊可能會轉向自身，在心理層面演變成內疚或自虐，在身體層面則可能表現出各種身體症狀。
- 有時，仇恨和拒斥可能讓女兒不願意依靠母親，表現出過早、過分的獨立。這樣的女兒，雖然不會和母親有多少情感糾葛，但會比同齡人辛苦。

- 女兒多少都會有些像自己的母親。當這類對母親仇恨和拒斥的女兒，在自己身上發現和母親的相似之處時，很可能會厭惡自己、為自己感到羞恥，甚至傷害自己。
- 女兒可能對「母親」這一形象產生矛盾的情感，一方面對它懷有渴望，想要親近；另一方面又容易對它失望，感到憤怒或懷有敵意。這種複雜的情感，可能會投射到她們的女性老師、女性主管、婆婆等「權威女性」身上，導致自己和她們的人際關係頻繁出現問題。

而如果母親對女兒有仇恨和拒斥情感，她可能會不想履行母親的職能，不想好好照顧女兒，或者帶著怨恨勉強去照顧女兒——不論哪種情況，都不利於女兒的成長。

第四章

家庭結構影響下，六種不健康的母女關係

上一章介紹了母女之間常見的九種不健康關係，但還遠遠不能涵蓋母女關係的全貌。當我們把母女關係放在家庭這個背景下審視時，會發現家庭結構和其他成員也會影響母女關係。

家庭這個單位並沒有固定的邊界，家庭成員多的大家庭，每一個成員都會對母女關係產生不同程度的影響。在本章中，我將只把父親和兒子納入討論，看看核心家庭中最常見的六種不健康的母女關係是哪些。

第一節 姊妹式母女關係——親密與排斥的混合

有的母親心理上不成熟，但並沒有發展出過度控制或要求女兒反哺的模式。這常常是因為另一位家庭成員很好地承擔了「家長」的責任，比如父親。母親在和父親的關係中感到安全，於是卸下自己的防禦，退回到孩子的狀態。

這樣的家庭中，只有父親一位「家長」，母親和女兒則成了兩個小姊妹，她們之間可能發生這樣的互動：

- 母親常常陷入和女兒的爭執，比如週末一家人去哪裡玩？節日怎麼過？家居裝飾怎樣擺放？

●母親和女兒有時陷入競爭、相互嫉妒：誰是爸爸最寵愛的人？她們會以「爸爸站在我這邊」而洋洋得意，向對方示威。
●有時，母親和女兒又會親密無間，抱成一團向爸爸提出要求，或者一起奚落他。

女兒有這些表現完全正常，這就是大部分女孩在小學和國中階段常常和其他女孩之間的互動。如果她有姊妹，很可能也會是這樣。

女兒有時會覺得母親和自己很平等，能玩在一起，不像別的母親那樣高高在上，對孩子管教嚴苛。但如果遇到事情，她就會發現母親無法獨當一面。母親拖延、逃避、依賴、受挫時，甚至會在公共場合崩潰大哭，或把女兒推到前面。這些都讓女兒對母親感到失望。

漸漸地，女兒可能會覺得自己生命中就像沒有「母親」，那個她叫「媽媽」的女人，不過是個披著成年人外衣的大孩子。這是一種極大的悲哀、難以言喻的痛苦：她是個「沒媽的孩子」，然而世間居然沒有一個人看到這一點，以至於她常常懷疑是不是自己產生了錯覺。

孩子的心靈成長通常比大人快。孩子是自然地成長，大人則常常因為創傷，「卡」在某個地方，需要額外的機緣和滋養，才能重啟成長之路。因而這種「打打鬧鬧小姊妹」的關係不會一直持續，如果女兒在心理上比母親成長得快，把母親甩在後面，女兒的行為就會漸漸改變：

- 女兒遇事開始直接找父親商量。
- 女兒和母親的爭執變少了，她不想再和母親一般見識。
- 女兒開始承擔家裡的部分責任，把母親當成一個「小妹妹」來照顧和保護。

由此，家庭關係轉入另一種模式：女兒坐上了「母親」的位置，和父親一同撐起這個家，保護母親這個「孩子」。

這種關係裡的女兒過早承擔了成年人的責任，也會比較辛苦。但由於父親的養育能力較強，和前文提到的反哺母親的女兒相比，還是輕鬆不少。這樣的母女關係也會給成年後的女兒帶來一些消極的影響：

- 女兒的獨立過程會過於順利。因為母親覺得和女兒有種類似「手足競爭」的關係，潛意識裡可能巴不得這位「姊姊」早點離家，自己好獨占父親的愛。

- 女兒很可能沒有「大本營」。在成年後遇到戀愛、結婚、生育一類的大事，父親很難幫上忙，她只能靠自己。
- 女兒能向母親學習的東西太少，她得花費比同齡人更多的精力為自己尋找性別榜樣。

這些艱辛和上一章中介紹的許多女兒相比，已經沒有那麼厚重。這裡我們可以看到，一個養育能力強的父親，能在相當程度上，緩和不健康的母女關係帶給女兒的痛苦。

第二節　白雪公主和嫉妒的母親

嫉妒是一種常見的情感，甚至會發生在母女關係中。母親對女兒的嫉妒，生動地表現在童話故事《白雪公主》裡。進入中年、姿色漸衰的母親，凝視鏡子問：「在自己作為王后掌管的國家裡（也就是自己的家庭裡），誰是最美麗的人？」總有一天，鏡子的答案將不再是「當然是您，王后」，而是變成「白雪公主」。

中年的母親目睹自己身材日漸變形，皺紋爬上眼角，年輕時喜歡的衣服再也穿不上，即使勉強穿上也不得體；而身邊的女兒則日漸長成一位妙齡女性，身材挺拔、皮膚細緻，渾身洋溢著青春活力。這種情況會讓一個有自戀傾向的母親感到痛苦。

嫉妒常常是一種複合的情感，其中可能包含求之不得的痛苦、對比產生的自卑、由衷的羡慕，以及恨意。這種恨意，一不小心就會成為摧毀對方的強大力量。我們平時看電視劇，尤其是愛情劇或宮鬥劇，會發現很多反派女性都具有這種特質：她們出於嫉妒，用盡全力摧毀別人的幸福。那一刻，自己的性命都可以不管不顧，更別說什麼親情、友情了。

現實生活中，母親對女兒的嫉妒還不至於到這種程度，但的確會有意無意地做出一些傷害女兒的事。

母親的嫉妒，有時會被女兒捕捉到。女兒對此的反應，很大程度上取決於她對母親的感情。

如果女兒對母親的情感是仇恨和拒斥，母親對女兒的嫉妒就會加劇這種情感，母女之間變得水火不容。但如果女兒對母親的情感主要是共生和認同，當她察覺到母親對自己的嫉妒時，就可能產生內疚和恐懼——為自己讓母親不快而內疚，同時害怕這種不快會讓母親遠離自己。

此時，女兒可能會迎合母親的願望，下意識限制自己的發展，自我破壞，或者迴避競爭。

比如她可能會小心地穿著打扮，避免「豔壓母親」；和同齡男性保持距離，以免讓自己顯得有吸引力。不參加年輕人的交際活動，以免令母親不快。

當女兒成年進入社會之後，她可能對嫉妒非常敏感，很容易覺察別人因為被自己「比下去」而出現的不悅情緒，她會像消防隊員一樣，迅速上前撲滅這種情感。她可能會壓抑自己的才能，迴避一切競爭場合；儘量表現得平平無奇、乏善可陳，甚至刻意降低自己的存在感，以免被他人注意；不時製造一些煙霧彈，讓周圍的人覺得她很弱。

有時，如果無法避免激起善妒母親的不快，女兒只能選擇離開原生家庭。

那麼女兒的人生會走向何處呢？理想情況下，當然是找到她自己的王子。

白雪公主的故事遺留下一個問題：童話中常有去森林裡打獵的王子，為什麼不讓白雪公主直接遇上一個，而要讓她先遇到七個小矮人呢？

七個小矮人只是過渡，他們為白雪公主提供了親情，一定程度上彌補了她缺失的父愛和母愛。白雪公主從被人嫉妒的可愛小女孩，成長為一位成熟女性之後，會受到來自後母的毒蘋果誘惑。

現實生活中，如果女兒被母親嫉妒且父親缺位，或者沒有得到正常的母愛和父愛，她們在主動或被動地脫離原生家庭後，都不太可能會直接遇到真正適合她的伴侶。她們可能會出於自卑、低價值感、孤獨感，或者沒有能力照顧好自己，有意無意地選擇與看似配不上自己的男性交往，在這種關係裡重新被養育一遍。她們內心也許有些看不起對方，但在生活和情感上又比較依賴對方。有時，她們自己也清楚，自己並不想和對方永遠在一起，對方能給她們的，更多是一種溫暖的親情，而不是讓人心潮澎湃的愛情。

當她們對親情的需求得到一定滿足後，會越來越清楚看到自身的價值，看到身邊的「他」是個「小矮人」，關係常常就在這時走到盡頭，接下來，就該象徵成年人情慾的「毒蘋果」和「王子」登場了。

第三節 「爸爸是壞人」——聯手抗「敵」的母女

猜猜當父母出現衝突時，女兒通常會站在誰那邊？

當女兒成年後，有了一定的人生閱歷和判斷力，也許可以相對客觀地看待父母之間發生的事。但在這之前的一、二十年，甚至更長時間裡，大部分女兒會選擇站在母親這一邊。

女兒和母親相處的時間更長，更能體會母親的難處；母親給她很多實際的照顧，讓她覺得母親比父親對自己更好；母親有更多機會向女兒訴說自己的委屈，也更有可能把事情朝有利於自己的方向講述。

在這些因素影響下，如果母親和父親發生衝突，女兒更容易和母親結成同盟，把母親當作受害者，而把父親當作「壞人」和「敵人」。

母親也可能因為向女兒傾訴、宣洩負面情緒，得到女兒的安慰和情感支持，獲得某種「平衡」，變得更能忍受和父親的不健康關係。

可惜女兒要很久以後才能看到這一點。她們小時候總是一面倒，覺得母親好可憐，父親是壞人，甚至斷定「男人都是壞蛋」、「婚姻是女性的墳墓」。

其中一部分當然是真的，在夫妻關係中，男性霸凌女性的例子，比女性霸凌男性更常見。

但也有不少情況下，女兒長大時會看到更複雜的真相。

比如有的父親很少回家，甚至和外面的女性傳出緋聞。母親在家裡就常對女兒說父親如何不好，自己如何可憐。女兒長大後慢慢發現，其實父親不愛回家，是因為母親總對他頤指氣使，甚至用汙言穢語貶損他（也許母親對父親做的，正是母親小時候經歷過的，只不過沒有人意識到這一點，連母親自己也沒意識到）。這時，女兒能體會父親的難處，不會再完全擁護母親。

但母親留下的影響，可能會深深烙在女兒的潛意識裡，一些女兒甚至一輩子都不會發現父母關係的真相。

長期把父親想像得太壞，可能對女兒產生以下幾種負面影響。

（一）和父親疏遠

如果女兒對父親懷有不好的印象，自然就不太會主動和父親親近，而忙碌的父親可能不會將這種事記在上心，甚至認為「女兒長大了，男女有別」。一些女兒在成年之後，突然意識到父母關係的真實一面，才發現自己和父親已經相互疏遠，錯過了很多年。

（二）用加害／受害的思維方式理解親密關係

母親對親密關係的主觀感受，就像給女兒戴了一副有色眼鏡，成年以後的女兒可能因此對自己的親密關係產生扭曲或不真實的看法。

比如，女兒進入親密關係後，如果對方因為出差或工作繁忙，沒有像往常一樣頻繁聯繫她，她可能就懷疑對方不忠，哀歎自己遇人不淑，甚至悲觀地想像自己將來也會像母親一樣，孤獨地待在家裡向孩子傾訴心中的苦悶。有時女兒甚至把這種悲觀、恐懼和絕望當作現實，痛苦地和對方分手。

（三）女兒和母親進入不健康的認同和共生

有時，母親抹黑父親，會讓女兒把全體男性都妖魔化，母女二人因此擁有了相同的人生觀。而母親和女兒在情感上的「相依為命」，又加強了她們的共生關係。這可能導致上一章第八節中提到的情感孤島，外人再也進不去。女兒不只和父親關係疏遠，和其他人的關係也都會變得淡漠和疏離。

（四）女兒無法離開原生家庭，拋下母親獨自面對「壞人」

一些母女之間雖然沒有形成不健康的共生關係，但女兒成年後，由於學業、工作或婚戀原因，當女兒不得不離開原生家庭時，可能也會有強烈的內疚感：「我怎麼能拋下媽媽，留她一個人去面對那個『壞人』呢？」

女兒也許不會去想：為什麼母親自己不離開「壞人」呢？小時候，母親可能說了無數遍「要不是因為你，我早就跟他離婚了」，但現在自己已經長大成人，母親還有什麼理由不離開他呢？

（其實如果以此為切入點，女兒也許有機會發現父母關係的更多真相）

總之，如果母女長期聯手對抗父親，容易讓女兒深深捲進父母衝突的泥潭中，女兒想拯救母親卻做不到，想走自己的路卻又放不下母親，在這樣的進退兩難中不斷消耗自己。如果某一天她夠成熟，並有機會發現真相，也許會意識到，事情從一開始就和她認為的不一樣。

第四節　「爸爸去哪裡了？」——相依為命的母女

有句話說：「父親給孩子最好的愛，就是他忙碌的背影。」這種觀點，默認甚至美化了父親在親子關係中的空缺。當代已經有越來越多的父母開始重視對孩子的陪伴，但在我接觸的個案當中，很多女性在成長過程中父親是缺席的。

父親的目光往往朝向家庭之外。他用自己的收入支撐家庭，同時把一部分社會規則帶進家庭（嚴厲和要求）。如果他在社會上遭遇了欺侮或挫敗，也會把負面的東西帶回來傳遞給妻兒（踢貓效應）。整體上，父親體驗到的能量是強烈而粗糙的，他可能並不知道怎樣把一頓飯做得好吃，怎樣照料一個孩子，但他不容許自己展現無能、無力的一面，他習慣的掩蓋方式，就是把頭扭過去，用更多的時間望向外面的世界，夢想在其中有一番作為。

父親在養育中的缺位，往往會形成一個「滑坡效應」：缺席導致無能和無力，無能和無力導致了更多的缺席。就像一個逃學的孩子，起初只打算逃幾天，回來卻發現跟不上學習進度，索性繼續逃學。

我在伴侶諮詢中聽到的許多夫妻故事驗證了這一點：孩子的出生帶給家庭不少壓力，夫妻之間開始出現摩擦和爭吵。在這些膠著的戰爭中，妻子極少離開現場，她得照顧孩子，需要臥室讓孩子安睡，需要廚房給孩子做飯。丈夫則更容易以「工作忙」、「有應酬」、「要辦事」等藉口離開現場，讓自己暫時躲避育兒的壓力和夫妻間「戰爭的硝煙」。

等他再回到現場時，發現自己的領地變小了：家裡到處都是妻子和孩子的東西，他自己的東西堆在角落裡，累積出灰塵。更可怕的是，妻子和孩子似乎已經形成一套配合默契的流程，需要他參與的事情少得可憐。他很快發現，這個家只是有時需要他：需要錢的時候，需要水電工、搬運工的時候，需要一家人同時出現在公共場合的時候。

他開始「接受」這個角色，去做一位缺席的父親。

父親的缺席，常常會加強母女之間的各種不健康情感模式。

如果母女之間是認同和共生關係，父親的缺席可能會導致女兒完全站到母親那一邊，如果母親認為父親沒有盡到家庭責任，女兒也會這樣想；如果母親認為父親傷害了自己，女兒也會認為父親是個「壞人」；如果母親懷疑父親有外遇，女兒也會傾向認定這就是事實。之後，母親和女兒會更加緊密抱團。

如果母親內心匱乏，成長中缺少關愛，父親的缺席會使得母親把情感需求直接轉向女兒，讓女兒在情感上反哺自己。

如果女兒對母親的情感是仇恨和拒斥，父親的缺席則可能導致女兒對父親的理想化（「距離產生美」），而母親一直真實暴露在女兒面前，女兒更容易看到並放大母親不好的一面，對母親的仇恨和拒斥情感就更強烈了。

在母親看來，持家和養育的責任幾乎完全由自己承擔，父親只是承擔了家庭的經濟責任，也許承擔得還不太令人滿意，既不是一個體諒妻子的好丈夫，也不是一個關心孩子的好父親。母親的這些不滿常常會表達出來，變成對父親的嘮叨、冷落或言語攻擊。

在仇恨和拒斥情感的影響下，女兒可能會覺得母親是一個焦慮、忙碌又滿腹牢騷的人，對父親也不好。父親雖然較少出現，但出現的時候總是輕鬆愉悅，對自己也沒有苛責。於是在理想化「父親」形象的對比之下，女兒會更加拒斥母親。

在父親完全缺席的單親家庭中，母女相依為命，處在緊密的共生關係中。女兒往往不會想主動談婚論嫁，因為她和母親的關係已經是最親密、最完美的了。此時如果出現一個男性奪走女兒，對母親而言，就彷彿撕裂了她的身體。要她恢復常態，除非把女兒還給她（至少一部分）。

由單親媽媽養大的女兒，可能會很少表現自己的意願，我們不知道她樂不樂意和母親一起生活，喜不喜歡自己的丈夫，對最後的折中方案又作何感受。這往往是和母親處在全然共生關係中女兒的性格：她不知道自己想要什麼，似乎也不那麼在乎，反正聽媽媽的就好。

這樣的女兒如果順利進入婚姻，也沒辦法把生活重心完全轉移到自己的家庭。孤獨的母親在那裡等著她，她只能忙碌地周旋在母親和丈夫之間，同時滿足兩個人的需求。

第五節　女承母業——大家庭中的母親與長女

俗語說「長兄如父」，與之相對的是「長姊如母」。在子女眾多的家庭中，如果父母由於衰老、疾病、離世等原因，無法完全承擔起照顧子女的責任，那麼最年長的男孩就會擔任起父親的角色，最年長的女孩則擔任起母親的角色。尤其是長女，母親可能下意識忽視她作為一個孩子的需求，而把她當作自己的育兒助手。

事情最初可能是這樣發生的。

母親同時帶幾個孩子，辛苦疲憊，注意力十分有限。而她將有限的注意力多數都給了最小的孩子，因為最小的最脆弱、最需要照顧，也最容易讓人擔憂，而越大的孩子則越容易被忽視。不過其他孩子不會甘於被忽視，每個孩子都會想辦法爭奪母親的注意力。

長女很容易發現，自己在家務方面最能幹，體貼照料、察言觀色的能力也最強，只要眼裡有工作，經常幫母親做這個做那個，就能得到母親的認可和讚許等「情感糖果」。

如果母親有前面提到的一些問題，比如希望孩子反哺自己，就可能有意無意加劇這一趨勢——母親自己也缺愛，於是自己也坐到「孩子」的位置上，並把長女推到「母親」的位置上。

從小被當作母親的「育兒助手」，甚至「代理媽媽」，會對長女的成長有什麼影響呢？

- 成年後的長女比其他孩子更傾向於不想生育孩子，甚至不想結婚。一些人只是下意識選擇：「看見小孩就討厭。」另一些則是清楚知曉原因：「從小就帶弟弟妹妹，童年被剝奪了，這輩子再也不想過那樣的日子了。」
- 成年後的長女可能會選擇和不成熟的人建立親密關係。人並不理性，從心理學角度看，很多關係走向悲劇的根源在於，人在「對自己好的」和「熟悉的」之間，常常選擇後者。有些長女找到的伴侶，正好是大家庭中最小的孩子，這樣雙方很快就能啟動自己熟悉的模式，建立起照顧和被照顧的關係。但這樣的關係也讓女方十分辛苦。

● 對長女而言，進入母職容易，走出母職難。一些長女照顧弟弟妹妹的責任，彷彿沒有邊界，不僅要把他們養大成人，還要幫他們安排工作和婚姻，甚至到了中年，在毫無必要的情況下，仍忍不住干涉弟弟妹妹的職業發展、婚姻育兒，表現出一種讓他們難以忍受的「控制慾」，反而惡化了彼此的關係。長女有時會悲嘆：為什麼自己付出那麼多，卻還是被大家討厭？

長女可能無法想像，如果不照顧別人，還能透過什麼樣的互動方式和別人建立關係；如果自己不需要做「代理媽媽」了，那自己是誰呢？自己要成為什麼樣的人呢？有時，思考這個問題會讓她們感到非常痛苦，她們寧願回到照顧他人的辛苦中。

第六節　重男輕女的母親和「扶弟魔」女兒

女性雖是重男輕女思想的受害者，但一旦成為母親，常常又會認同父權文化，寵溺兒子，打壓女兒。

這種模式在女兒和兒子是姊弟關係時最為明顯，年長的孩子本就被賦予更多責任，而年幼的孩子也更容易得到寵愛。

不過忽視和剝奪妹妹來支持哥哥的現象也不少見。這裡介紹的姊弟境遇，在有相同問題的兄妹家庭中一樣適用。

母親對姊弟的不公平對待，有很多表現形式，比如在物質上優先滿足弟弟；要求姊姊退學打工掙錢供弟弟讀書；姊姊出嫁時索要巨額聘禮來幫弟弟娶老婆；在姊弟各自建立家庭後仍要求姊姊幫助弟弟；臨終前讓姊姊在病床前伺候，卻把大部分財產留給弟弟。

許多女兒都接受了母親的安排，為弟弟奉獻犧牲，甚至內心也真的認為弟弟比自己更重要、更值得被好好愛護，「長姊如母」，自己應該一輩子都給弟弟提供無私的「母愛」。近年來，這些女兒被戲稱為「扶弟魔」。

意識層面，長女直接認同了母親的態度；而在無意識層面，她們恐怕很早就明白：照顧和討好弟弟，是自己在這個家裡唯一可行的生存策略。

母親寵愛弟弟同時忽視女兒，如果女兒表達不滿、提出要求，只會讓母親覺得她不懂事、惹人嫌；但如果照顧和討好弟弟，分擔母親的家務，母親會覺得她很懂事，甚至對她稱讚有加。

這是一筆殘忍的交易，女兒交出自己「作為孩子」的正當權利，成為一個「小保姆」，換來母親的些許關注和愛。但這筆交易又是必要的，如果不博得母親的歡心，還有誰能給她關注和愛呢？

母親把女兒培養成「扶弟魔」，會給女兒帶來不少負面影響：

（一）資源被剝奪，發展受限

家庭的各種資源都給男孩，女孩的發展機會自然減少。

（二）自卑：我不如「他」，我不配

這種差別對待，會讓女兒接受母親內心的看法：「妳不如弟弟，妳不配，妳不值得。」進入社會後，她們也會認為：「我不如男性，我不配，不值得。」

（三）討好他人，甚至過度犧牲自己

正如前面提到的，照顧和討好男孩，成為女孩在家中唯一能改善自身待遇的策略。這種下意識的習慣可能會伴隨她進入成年期，成為她一種通用的人際策略。

這類女性的人際關係通常看起來不錯，她們很善於體察和照顧別人。大家坐著聊天，她總是那個起身端茶倒水的人；和朋友一起外出吃燒烤，她總是負責烤而讓別人先吃；遇到麻煩，她又會最先挺身而出。之所以受歡迎，很可能是因為她總是不吝成為別人的「工具人」。

但她這種生存方式相當辛苦，會大量耗損心力，所以這類女性也很容易陷入憂鬱。

第五章

母親糾纏的愛來自何處？

每個人都是歷史（個人歷史和社會歷史）創傷的承載者，母親如今的樣子，是由她過往的經歷塑造而成。作為她的孩子，想必多少會從親戚口中，聽過母親年輕時，甚至是幼年時的各種故事。怎樣理解這些故事，怎樣把它們和母親當前的行為模式聯繫起來看待，這些行為模式背後到底有怎樣的創傷？這就是本章要討論的內容。

很多人被別人傷害時，常常不由自主地說：「他到底為什麼要這樣對我？！」

很多女兒內心也一定有過這樣的「疑問」：「媽媽到底為什麼要這樣對我啊？！」

千萬不要急著帶這個「疑問」進入關於母親性格成因的心理學探討。需要先仔細品味內心中的這句話，確定它到底是在表達好奇心，還是在鳴不平。

如果它只是在鳴不平，而並沒有什麼好奇心，那麼強行去理解母親的性格成因，只會讓妳感覺更加彆扭。

受到傷害的人需要先對自己負責，想辦法走出創傷，保護好自己，過好自己的生活。如果妳想對加害者還以顏色，也是人之常情。但受害者絕對沒有義務理解加害者，甚至沒有義務去瞭解，除非這種瞭解最終是對自己有好處。

很多心理諮商師過於強調要理解父母、與父母和解。這可能因為他們內心非常害怕衝突和疏離。當他們把這種態度灌輸給尋求諮商者時，常常會導致負面的結果：受傷的孩子不僅做不到理解父母，與父母和解，反而因為這種自我要求，深深壓抑了自己的憤怒、憎恨、怨懟、失望、攻擊性等，無法實現真正的成長。

所以，這一章的內容你可以不看，除非你想知道母親究竟為什麼會這樣。

第一節　母親的被害妄想

被害妄想出現在許多難以相處的母親身上。她們非常關注社會新聞，時時擔憂類似的事會發生在自己身上。她們每天睡前都會反覆檢查家裡的門窗有沒有關好；她們從不下水游泳，從不使用公共廁所的馬桶，住旅館總是自帶床單，在餐廳裡吃飯總要用熱水燙一遍碗盤，彷彿外面的世界布滿看不見的細菌和病毒；她們和人交流總是心懷戒備，從不透露自己的心事；她們和丈夫看似琴瑟和鳴，卻早在自己的「小金庫」裡攢下大筆錢財，為自己準備後路。

母親的被害妄想會如何影響和女兒的互動呢？

● 被害妄想導致母親過度焦慮、緊張，無法承載和調節女兒的情緒，無法給女兒帶來安全感。

孩子常常對這個世界充滿不安和恐懼：周圍那麼多他不瞭解的事物，外面那麼多他不認識的陌生人，昏暗的角落裡或許還藏著許多妖魔鬼怪。順利養育一個孩子的過程中，母親可能需要對孩子說無數遍「別擔心，沒事的」。

但有被害妄想的母親很難說出這句話，她們比自己的孩子更加不安，她們經常說的是：「這要怎麼辦？」、「完蛋了！」、「不得了了！」她們不僅無法安撫孩子的恐懼，連孩子不在意的人和事，在她們看來也充滿危險和陷阱。

● 有被害妄想的母親，往往會過度控制孩子。

面對不安的感覺，母親並不打算坐以待斃，她常督促女兒和自己一起構築各種防禦機制抵擋危險。她會要求女兒和自己一樣，不要下水游泳，不要使用公共廁所的馬桶；她會仔細盤問女兒和什麼樣的人說過話，說了些什麼；女兒每想交一個朋友，她都苛刻地評判一番，然後要求女兒不要和對方來往。

如果母親的被害妄想和性別、身分有關，她可能會要求女兒剪短頭髮、打扮中性，不要和男孩過從甚密，收到男生的小紙條一定要上交，還會定期、悄悄檢查女兒的日記。

● 有被害妄想的母親可能會過高地要求女兒。

平日應對不安感的各種儀式，有時也讓母親自己不勝其煩，她可能進入一種「似乎可以一勞永逸」的想法中：如果女兒變得非常優秀、有能力、有社會地位，當然就能免除大部分危險。如果出門都住五星級酒店，當然不必自帶床單；如果周圍都是「有品級」的人，就不必過多擔心社會新聞裡發生的那些事了。

母親開始望女成鳳，用控制、威逼等方式讓女兒用功學習，養成第三章中提到的學霸女兒和備受束縛的女兒。看到女兒時時刻刻坐在書桌前用功，對其他事情一概不感興趣，母親終於感到安心，但女兒卻替她承擔了恐懼和焦慮，好像自己如果考不出好成績，就會有滅頂之災。

母親為什麼會有被害妄想呢？

許多人認為，所謂不正常的心態，是對正常心態的一種隨機偏離：反正就是「瘋了」、「有病」，可能是「受刺激了」、「吃藥吃壞了」、「腦袋被門夾了」。可是為什麼同樣是「有病」，有人怕蜘蛛而有人怕外星人呢？

這裡需要回歸一個基本的進化心理學觀點：所有的心理現象都是為了解決某些問題而發展出來。

母親的被害妄想，一方面是因為她的確聽到、看到或經歷過一些事，從中感受到了危險，認為這種危險仍有可能發生在自己和家人身上；另一方面則是因為在她成長過程中，很少感受到安全和被保護，沒有人對她說過足夠多的「別擔心，沒事的」。

我在諮詢工作中，有時也能看到女性被害妄想的現實來源。比如對遭受人身傷害的恐懼，有時源於不良的社會治安、動亂、戰爭，有時則源於遭受了父母毫無來由的暴力；對細菌、病毒和疾病的恐懼，有時源於目睹或聽說他人染上疾病後的無助甚至死亡，有時源於兒時缺少父母的照顧和保護；經濟上的不安全感有時源於自己經歷過物資緊缺，有時源於小時候父母的過度節儉；而對他人的過度戒備，有時源於看到、聽說或經歷過各種背叛、排擠、勾心鬥角，有時則源於父母情緒不穩定，常常出其不意地傷害她們。

也許妳會想告訴母親：「時代變了，環境不同了，妳現在不用那麼緊張了。」但這不會有什麼效果。如同當妳向父母哭訴小時候他們怎樣傷害妳時，他們可能會回答：「妳現在已經長大了，我們不會再那樣對妳了，妳為什麼還總是揪著過去不放呢？」而妳心裡知道，這樣的話解決不了妳的問題。

人總是一部分活在當下，一部分活在過去。活在過去的那一部分，總在想各種辦法應對過去遇到的那些困難。為了解決記憶中的難題，甚至影響當下的生活品質。許多心理學工作者認為，這是我們的心智無法適應當下的表現，本質上是不健康的。但我想強調，這種看似不健康的模式，仍具有進化學上的適應意義。誰能斷定過去發生的事情不會再次發生呢？假如再發生一遍，妳也許會驚訝地發現，看似「病態」的父母們，表現出驚人的適應能力。

第二節　母親對被拋棄的恐懼

很多母親內心都害怕被拋棄。這是一種潛意識的恐懼，我們很少能聽到母親直接將此表達出來。但在這兩類情況下，經常能感受到它的存在。

●母親對父親的過度隱忍，對婚姻的過分執著。

一些女兒目睹父母之間持續數十年的不良關係，目睹母親在這個過程中遭受身心傷害，常常會產生一個疑問：「都這樣了，母親為什麼還不和父親離婚呢？」

有時，她們也會把這個問題拋給母親。

不少母親的回答是：「還不都是為了妳，要不是為了妳，我早就離開他了。」一些個案告訴過我，這句話帶給她們非常大的心理負擔，她們從小就認定，是自己拖累了母親，如果沒有自己，母親早就「跳出火坑」，奔向幸福了。

有時她們暗自下定決心：我要早點獨立，不拖母親的後腿。

但等她們真正獨立了，對母親說：「現在我已經能照顧好自己了，如果妳和爸爸在一起不開心，就不要勉強了。」

然而此時母親卻回答：「這把年紀了離什麼婚，湊合過吧。」、「其實妳爸也沒那麼糟，比起很多男人來說已經不錯了。」

聽到這些話，女兒可能覺得自己被耍了。

母親到底為什麼那麼依賴父親，甘願隱忍呢？當然，原因之一是獨立撫養孩子更辛苦，但有時，母親不願意說出來，甚至自己都沒感覺到的原因，就是她害怕被拋棄而變得無依無靠。潛意識中，母親也許已經把父親當成自己的「父母」：雖然他對自己不好，但如果離開他，自己就成「孤兒」了。

●母親牢牢抓住女兒，不願意她和自己分離、獨立生活。

前文中介紹的過於緊密的母女關係，很多就是因為母親害怕被拋棄，同時感覺到自己已經沒辦法抓住丈夫了，或者丈夫無能、懦弱，抓住他也無法帶來依靠，於是轉而緊緊抓住女兒。

母親內心為了避免成為「孤兒」，要不斷確認自己是女兒心中最重要的人，其重要性超過父親，甚至超過女兒的伴侶和孩子。這樣的母親也許會把所有心思放在女兒身上，對她無微不至，有時還會問：

「媽媽對妳好吧？」

「等媽媽老了，妳也會對媽媽好吧？」

「等妳結了婚，是不是就不會經常來看媽媽了？」

如果女兒對媽媽這些話困惑不解、不勝其煩，不妨想像一下，一個被領養的孤兒，可能想對她的領養人說：

「我是個乖孩子對吧？」

「我做一個乖孩子，你就不會拋棄我，對吧？」

「等你生了自己的小孩，是不是就不會對我好了呢？」

母親對被拋棄的恐懼，到底是哪裡來的呢？

可能因為母親的確被拋棄過，或者在災難中失去了親人，或者經常被送到親戚家寄養，或者過早被送進全日托兒所，或者由於她和父母沒能建立起「安全依戀」，所以產生了被拋棄的恐懼。

這些都有可能。

這裡有必要談及一種關聯型創傷。許多女性雖然沒有被拋棄過，但童年回憶裡常有這樣的片段：母親對她們不滿意，有時會說：「再不聽話我就不要妳了」、「我把妳扔掉」、「我把妳送給別人」。

有時她們問母親：「我是從哪裡來的？」得到的回答是：「垃圾堆裡撿來的。」有時走在外面，母親會故意躲起來讓她們找不到，等孩子急得大哭，才發現母親正站在不遠處拍手大笑。

日積月累，這些生活經歷也會讓孩子產生被拋棄的恐懼。

而從這些母親的角度看，這些怪異的行為正是為了安撫自己內心被拋棄的恐懼。

我一位朋友的女兒三、四歲時，去別人家做客，被那家人養的一隻大貓嚇哭了。回家後，她在一段時間裡沉迷一個遊戲：自己扮成大貓，嚇唬她的父母，還要父母表現出很害怕的樣子。

心靈受到了某種傷害，有時會希望從受害者的位置，轉換到加害者的位置上，體驗掌控感，並向自己確認：現在我可以傷害別人了，所以就不會再被別人傷害。

這就是為什麼許多兒時被父母暴力對待的孩子，即便理智上知道暴力不好，成年後仍然忍不住暴力對待他人的原因之一。母親也一樣，下意識地做這些事，只是為了安撫內心的恐懼：「我可以拋棄別人了，所以不用再害怕被人拋棄。」但透過這樣的行為，母親把被拋棄的恐懼傳遞給了女兒。

第三節　母親害怕衝突和對峙

許多女性都害怕衝突和對峙，遇到可能發生衝突的場合，她們要麼迅速逃離，要麼哀求、讓步、討好，想盡辦法避免衝突，維持所謂的「一團和氣」。

如果成為母親後仍然害怕衝突，就會影響母職的正常發揮，無法保護女兒並成為女兒的堅強後盾。

二〇一七年九月，南非一名五十七歲的母親在家裡突然接到女兒朋友的電話，得知女兒正被三名男子侵害。母親立即打電話報警，但沒有人接聽。母親遂拿起菜刀，狂奔三點二公里趕到現場，和三名歹徒搏鬥，救下女兒。事後因民眾請願，這位母親被無罪釋放，被人稱為「獅子媽媽」。

這當然是比較極端的情況。現實中，很多母親遠遠做不到這麼勇敢，相反的，還會因為害怕衝突和對峙，主動犧牲女兒的利益。比如：

- 女兒和別的孩子產生糾紛，鬧到母親這裡。一些母親從來沒興趣聽女兒解釋，也不想瞭解事實真相，一概默認是女兒不對，給對方賠禮道歉，並把女兒教訓一頓。
- 女兒受了欺負，母親總是在女兒身上找原因：「為什麼妳要……？」、「如果妳不……，就不會發生……了。」

這類傷害裡最嚴重的，莫過於當女兒遭遇男性熟人或親戚的侵害，跑來告訴母親時，母親反而說：「妳為什麼要去他房間裡呢？」、「妳為什麼要相信他的話呢？」、「妳為什麼非要穿短裙呢？」

有過這種經歷的女兒，成年後回想起來仍會覺得非常委屈：「母親為什麼總要把這些事說成是我的錯？」

最常見的原因就是，很多母親不具備和他人正面衝突、對峙的能力，她們根本無法對別人說：「這件事就是你不對！」更無法提出自己的要求，或採取措施懲罰別人。她們無法直接面對自身的軟弱，只能把責任歸咎到女兒身上，似乎自己沒必要挺身而出。

為什麼女性那麼害怕衝突和對峙呢？

一些女性會說：因為男性在體能方面比女性強很多，硬碰硬肯定會吃虧。按照這樣的說法，男性中身體瘦弱、個子小的人，也應該很害怕衝突和對峙才對。但事實並非如此。

除了體能方面的先天劣勢，至少還有下面兩個原因，會讓母親害怕衝突和對峙。

● 性別刻板印象對身體和心靈的束縛。

女性魅力常被定義為優雅、嫻靜、溫柔、嬌羞甚至弱不禁風。有意無意地培養這些特質，本身就會降低女性在人際對抗中的防禦力和攻擊力。一個和別的孩子打架的男孩可能被誇讚：「真是個好小子！」一個打架的女孩卻會被責怪：「妳這樣子像個女生嗎？」成年後，就算女性長得高大粗壯，而男性乾瘦矮小，對峙時恐怕也是男性占上風。

我們經常能在社交媒體上看到男性晒健身房肌肉照，女性則晒各種新潮的穿搭和妝容。在這種性別刻板印象影響下，很多男性的「戰鬥力」是在增長的，女性則不僅沒有增長，反而在削弱，比如長期穿高跟鞋造成腳踝畸形、過度節食造成體力下降等。

性別刻板印象也使得女性經常壓抑內心的憤怒，因為發怒的女人「不美」，是「潑婦」。憤怒正是我們在衝突和對峙中可以倚仗的力量來源，壓抑了憤怒，就等於一定程度上的「自廢武功」。

當然，人際關係中的衝突和對峙不總是以肢體方式發生，更多時候它是一種語言和智慧的較量，甚至以眼神表達的方式發生。但這些都需要依靠「氣勢」和「氣場」，而它們正是來自情緒層面的力量。

● 母親其實是一個「孤立無援的小女孩」。

小孩要處理與同齡人間的衝突和對峙，常會叫上要好的同學和朋友；不良少年見了面一言不合也不會直接開打，而是說：「有種你等著，我叫人來！」年輕人犯了事，情急之下會叫囂：「我爸是某某某！」——我們都需要有人為自己撐腰。

有人為母親撐腰嗎？如果母親在衝突和對峙中受到傷害，她可以去找誰？有誰會來幫她嗎？有誰會堅定地站在她這邊嗎？

很多害怕衝突和對峙的母親，常常是因為缺乏能為她撐腰的人。

如果母親生活的環境和經歷過的事，教會她的只是逃避、低頭、討好以求自保，除此之外別無他法，那她當然永遠無法直面衝突和對峙。

第四節　母親為什麼會沒有同理心？

在大家潛意識裡，母親是最疼孩子的，她最能體會孩子的痛苦，也最有意願緩解這些痛苦。但在有問題的母女關係中，我們經常會看到對女兒毫無同理心的母親。

缺乏同理心會影響許多母職的發揮：無法成為女兒的鏡子，給不了女兒及時的響應，更無法承載和調節女兒的情緒。本書第三章和第四章介紹的十五種不健康的母女關係裡，大部分母親或多或少都缺乏同理心。

為什麼有的母親會缺乏同理心呢？常見的是下面兩種情況。

●母親本來就沒有同理心。

準確體會他人的感受，是一種高級的心理功能。小孩在很長一段時間裡都會表現得缺乏同理心，累了、困了、餓了、想找人玩、要撒潑胡鬧的時候，並不會在意大人是不是剛下班回來、是不是生病了只能躺著、是不是剛被公司辭退滿懷憂慮……。

如果母親在心理上沒有發育成熟，就會缺乏同理心。她只想著怎樣讓女兒聽自己的話，做自己認為對的事，照顧和滿足自己。她一味朝女兒發洩情緒，而不會去想這對一個孩子來說會不會太辛苦、太困難、太恐怖、太痛苦。

●母親的同理心被磨掉了。

不少女性在成為母親之前，是很有同理心的。她們會餵食流浪貓狗，有條件會撿回家養；她們喜歡看「黛玉葬花」，悉心照料買回來的盆栽，甚至和盆栽說話；和朋友出去聚餐，吃不完會打包回家，因為「非洲那麼多孩子在挨餓」；看電影看到血腥的畫面，她們會不由自主地閉上眼睛，覺得「好疼」、「好慘」。

做了幾年母親後，這一切奇妙地改變了。菜市場買來的活魚、活雞、活鴨，她們捲起袖子現殺，眼都不眨一下；孩子不用功學習，她們下手也毫不手軟。

到底發生了什麼呢？

「母親」是一份無法辭退的工作。孩子生下來，就得一直養下去，無論遭遇怎樣的變故，都得想方設法照顧。如果周圍環境給母親的支持不夠，母親很容易耗盡心力，失去同理心。

第五節　母親無法面對自身的匱乏和荒蕪

在有些人看來，女性不論怎樣優秀，只要她還是單身，沒有丈夫和孩子，似乎就不算是成功。

女性年輕時，也許會感受到自己的才華和美貌，認為這都是自己的資本。但結婚後，把大部分精力都用在操持家務、相夫教子上，才華停滯不前，美貌逐漸褪去，她開始覺得，自己擁有的最大財富是丈夫和孩子。

在母女關係中，這樣的母親會把過多的注意力放在女兒身上，甚至到女兒成年之後也無法關注自己。她事無鉅細，一切都從女兒的角度考慮。女兒高興她就開心，女兒悲傷她也難過，彷彿在為女兒而活。這會讓女兒感到窒息，並認為母親「沒有自我」。

成家立業的女兒也許會對母親說：「現在我什麼都很好，妳也不用操心啦。妳退休在家，有什麼感興趣的事就去做，充實自己的生活，我會全力支持妳。」

母親會說好。隔天又打電話給女兒：「妳最愛吃的水果上市了，我特地去批發市場買了一箱，給妳拿過去好不好？」

女兒如果生起氣來，母親也許會說：「我就妳這麼一個女兒，關心妳就是我感興趣的事啊。」

在一些嚴重的個案中，女兒為了配合母親的這種需要，會下意識停留在無法獨立生活的狀態，看似是自己發展遲緩，實則是在滿足母親的需求，讓母親可以透過照顧女兒滿足她自己。

母親為什麼沒辦法把注意力放在自己身上呢？常常是因為，如果母親把注意力轉向自己，她會痛苦地發現，她的自我就像一片荒地，這麼多年沒有得到過照料和滋養，上面幾乎什麼也沒有。她不知道自己是什麼感受，心情只能跟著家人起起伏伏；她不知道自己喜歡吃什麼，吃飯總是夾其他人不吃的菜，以免浪費；她不知道自己要做什麼，為家人付出就是她最想做的事；她沒有人生目標，一切只是為了大家都好；她甚至不那麼在意自己的身體健康，只要大家公認她是個「好妻子」、「好媽媽」，她就死而無憾了。

直接面對自身的匱乏和荒蕪，可能會非常痛苦，許多人寧願選擇逃避。生活中我們也能看到類似的現象：有些人自己的生活過得一團糟，卻喜歡對國際局勢指指點點；有些人學業荒廢、前途未卜，卻成天操心「愛豆」（網路流行語，英文idol的音譯，意為偶像）帶的貨銷量怎麼樣；有些人親密關係一團糟，卻成天追劇「嗑CP」（網路流行語，形容非常喜歡自己所支持的螢幕或小說中的情侶），為那些虛擬人物在虛擬世界中的錯過而痛哭流涕……。

直接面對自身的匱乏和荒蕪，會讓人為自己虛度的時光而悔恨，讓人發現重重困難和壓力，體驗到排山倒海般的挫敗感，讓人開始怨恨那些自己付出過的人，甚至覺得人生不再有希望。但也唯有穿越這些痛苦，才能重建自己的內在世界，為自己而活。

母親內心持續多年的匱乏和荒蕪又是從哪裡來的呢？

表達自己的感受並滿足自己的需求，可以說是人的本能。嬰兒肚子餓了立刻大哭大鬧，看到奶瓶就拿過來，毫不客氣地咬上去大口吸吮，才不會在乎父母從酣睡中被吵醒，父母拖著疲憊的身體沖奶粉，明天還要早起上班。

四十年後，這個嬰兒成為了母親，她每天只睡五小時，從早忙到晚，幾個小時不喝一口水，等到全家坐在豐盛的餐桌前，她才開始面無表情嚼著剩菜，這似乎是她一天中最放鬆的時刻。

這四十年裡究竟發生了什麼，讓一個人逐漸遺忘了自己的所有需求，完全圍著別人的需求轉？

自我的發展需要依靠資源競爭，有時強者恆強，就像森林裡的植物，一株植物如果得到更多陽光和水分，就會長出更多枝葉和根系，從而又能獲得更多的陽光和水分。經過四十年的漫長歲月，兩顆同樣的種子長成的植物可能會有雲泥之別。

母親的「自我」這棵植物，有太多輸掉競爭的時刻。它在生命早期得到的陽光和水分就比較少，一直以來常常被要求為別的植物付出。人們總是對她說：妳要做一個孝順的女兒、一個賢慧的妻子、一個有愛的母親、一個懂事的媳婦、一個規矩的女人……，極少有人對她說：妳做妳自己就好了。

第六節　母親自己的需求

做母親常常被等同於無私的付出和奉獻。在老一輩某些苛刻的人眼裡，做母親的人發展自己的事業或愛好，追求個人幸福而離婚或再嫁，甚至把孩子託付給別人自己出去旅遊，這些都是不應該的。母親就該全心為孩子和家庭付出。

但我們在本章第四節和第五節的例子中可以看到：如果母親的需求一直得不到滿足，可能出現兩種極端的結果。一種是像第五節說的那樣，母親完全失去自我，感覺不到自己的感受和需求。這類母親不會給周圍的人帶來什麼傷害（常常還會帶來源源不斷的「好處」），但母親自己很容易產生各種身體問題，甚至患上嚴重疾病。另一種則是像第四節中介紹的，這些需求會有爆發出來的時候，但那時，母親內心已經失去了平衡，變得彷彿「沒有人性」。

其實從備孕開始，一直到孩子完全獨立，母親都要在自己的需求和孩子的需求之間小心翼翼地「走鋼絲」：外出吃飯，是點自己喜歡的啤酒炸雞，還是為了備孕，點一盤葉酸豐富的蔬菜沙拉？懷孕三個月了，還能穿自己喜歡的高跟鞋嗎？孩子快要出生了，自己期待已久的劇集也如期上映，好媽媽是不是不該再晚睡看劇了？哺乳期是不是要頓頓喝湯、不能再吃辣了？產假結束復工，主管給出選擇：是去一個自己感興趣、有升職前景，但偶爾需要出差的職位，還是去一個做點雜活、有事可以提前下班、誰都能勝任的邊緣職位？和丈夫吵架氣不過，想回娘家住，但孩子一會哭著要爸爸，一會哭著要媽媽怎麼辦？有個難得的培訓機會，但要去外地住幾天，這意味著要給孩子斷奶，怎麼選擇？

做母親，會面臨無數個這樣的選擇，艱難地保持平衡，一個不小心就會虧待孩子，又一個不小心就虧待了自己。

有些時候，母親之所以傷害了孩子，是因為她在滿足自己和滿足孩子之間選擇了前者。來看看母親具體有哪些需求，而滿足這些需求時可能會怎樣傷害到女兒。

（一）減少辛勞的需求

育兒是一件非常辛苦的過程，僅僅「疲勞」這一個因素，就足以導致母親無法完成許多母職，甚至對孩子做出有傷害性的事。

比如孩子晚上睡覺前就是不肯刷牙，大人會怎樣應對呢？

● 講道理

「睡覺前一定要刷牙，不刷牙，白天吃的食物殘渣就會留在牙齒上，滋生細菌，細菌會吃掉你的牙齒，牙就會疼，就得帶你去看醫生。」

如果孩子表示聽不懂，母親就得像教算術那樣，一步一步進行拆解。但小孩仍會提一些難以回答的問題：

「細菌在哪裡？我怎麼沒看見？」

講道理的母親得繼續解釋：「細菌雖然看不見，但也是存在的。」

孩子會繼續問：「醫生有聽診器呀，現在就去找他玩好不好？」

「看醫生不是什麼好事……。」媽媽得耐著性子解釋。

就這樣，五分鐘能完成的小事，拖半小時也未必能做好。

● 呵斥、命令、威逼利誘

「快刷牙！」

「刷了牙媽媽給你唱歌！」

「不刷牙打屁股了！」

許多女性沒生孩子時，會想像自己一定能耐心地給孩子講道理；做了母親後，她們卻沮喪地發現自己每天都會呵斥孩子。

「講道理」看上去很美，也是不少育兒專家提倡的，但它有一個前提：母親的生活狀態大致輕鬆無憂，並不介意和孩子多耗半小時。

許多家庭沒有這樣的條件。母親下班回來，拖著疲憊的身體做飯、餵孩子吃飯、陪孩子玩，終於等孩子入睡後，她還要洗碗、洗衣服、打掃環境，為第二天的工作和生活做準備。這種狀態下，時間不允許她有耐心，自然會選擇粗暴地命令和呵斥，三兩句話就解決問題。孩子這時候感到的恐懼、緊張、不被接納……，她更無暇注意。

孩子遭受的這類創傷，其實源於一個非心理學問題：育兒負擔。那一刻，如果有人在母親身邊，幫她洗碗、洗衣服、打掃環境，她也許就會放鬆下來，慢慢和孩子講道理，甚至會享受這個交流互動的過程。這時候，本章前面討論的母親的性格和創傷，反而成了次要因素。

（二）得到愛和關懷的需求

第三章第七節介紹的要求女兒反哺自己的母親，和第四章第二節介紹的嫉妒女兒的母親，都是把自己對愛和關懷的需求，放在了女兒之前。

要求女兒反哺自己的母親，會無意識地向女兒索要本該從自己的母親那裡得到的愛和關懷，並同時把內心對愛的缺乏感傳遞給女兒。而那些嫉妒女兒的母親，太想從父親（或其他親人）那裡得到愛，於是把女兒視為競爭對手，破壞、阻撓女兒得到愛。

（三）受到尊重的需求

「受到尊重」幾乎是所有人的需求。只不過在不同的時空中，人受到尊重的原因不盡相同。

世界很大，變化也很快。如果你的母親生活在更加傳統、保守、重男輕女的環境中，對她而言，獲得尊重最好的（可能也是僅有的）方式，就是至少生養一個兒子，最好還能讓兒子比別人「有出息」。而她的女兒，就有可能被拋棄、被送養，或者被她培養成前文提到的「扶弟魔」。

如果母親生活在相對開放、平等、重視教育的環境，她就會發現，相比孩子的性別，如果孩子能有好的學業和事業，她更可能獲得尊重。為此，她可能會試圖把孩子培養成學霸，不論是用強制、苛責的方式，還是用內疚感控制的方式。

如果母親生活在商業發達、一切向「錢」看的環境，她也許並不會太在意孩子的學業，反而更關注孩子能給家庭增加多少財富。

在追求受尊重方面，女兒也許會和母親發生很多衝突，因為女兒獲得同齡人尊重的方式可能與母親截然不同。在女兒的生活裡，別人也許會因為她擅長穿著打扮而尊重她，因為她有出國留學的經歷而尊重她，因為她總能滔滔不絕談論最新上映的電影而尊重她，因為她有一份有趣又體面的工作而尊重她……。

母親可能會為了讓自己的同齡人尊重自己，而犧牲女兒的同齡人對女兒的尊重。比如女兒在外求學，回家過年時，母親非要安排當地富裕人家的兒子和女兒相親；女兒想在大城市打拚，母親偏要女兒回家考公務員；女兒想再讀個學位，母親偏要女兒早點生小孩。

（四）自我實現的需求

我們能在生活中見到很多過度犧牲、沒有自我的母親，但有時也會遇到相反的類型。這類母親把自己想做的事看得比孩子更重要。

我有幾位女性個案，她們的母親是教師或醫生，這些母親在女兒年幼時，因為去外地進修，或者忙於科學研究和教學，無暇顧及女兒，造成了女兒性格上的缺陷。

在這裡，我要再次強調，所謂「母職」，並不是「母親的職能」，而是「養育者的職能」。這種職能並非母親的「天職」。母親即使完全不履行這些職能，也不意味著孩子的成長一定會出問題。只要孩子身邊有人在穩定、持續地履行這些職能，不論是爺爺奶奶、外公外婆，甚至是鄰居朋友，還是他們之中一些人合作完成，都能帶給孩子一個健康、充實的成長環境。

而如果具備了這樣的條件，母親也就能追求自己的事業和理想，最大限度地發揮自己作為「人」的潛力。

上面這些，就是母親用糾纏的方式來愛孩子的常見根源。每位母親的經歷和生活狀態都不一樣，如果你想更精準瞭解母親的心理，可以從下面這些問題著手（你可以把每個問題的答案都寫下來，至於那些不清楚的地方，可以詢問你的家人、親戚，甚至母親本人）。

一、你的母親出生於哪一年？出生在什麼地方？什麼樣的家庭？她是第幾個孩子？她的家庭對她的出生有什麼樣的情感？他們高興嗎？

二、母親在〇到一歲時過著怎樣的生活？餓的時候吃什麼？誰餵她？衛生情況怎樣？

三、母親在二到三歲時每天吃什麼？誰和她待在一起？會陪她玩嗎？探索外界時有人會鼓勵她？感到害怕時有人會安撫她？

四、母親在三到六歲時是不是有機會和成年人一起出門？那是什麼年代？她出門時可能會看到什麼？

五、母親在七到十二歲時上學了嗎？還是在做其他事情？她的日常是如何度過？這個階段她應該可以聽懂一部分成年人的聊天內容了，她會聽到什麼？學校裡發生了什麼？她怎樣理解聽到和看到的事？如果你聽到、看到這些，又會有怎樣的感受和想法？

六、十二到十八歲的母親漸漸進入青春期了。她的性徵發育得如何？她是怎樣感受自己的身體變化？周圍的人看她的目光有什麼不同？對她逐漸成為一個「女人」這件事，周圍有什麼反應？如果是你，你會對這些反應作何感受？

七、母親是如何開始戀愛？她喜歡過什麼樣的男性？她當時是怎樣看待婚姻的？她對婚姻期待嗎？最終是怎樣選定你的父親？抑或是被安排？如果你是她，和父親這樣的人進入婚姻，你會有怎樣的感受？

八、母親是怎樣成為母親的？你是她的第幾個孩子？從她懷上你，到你三歲前後，這個也許是母親一生中最辛苦的階段，她過著怎樣的生活？周圍有人支持她嗎？她遇到過哪些困難？都是怎樣克服的？

再往後，你應該漸漸有記憶了，你記得許多讓你感到難受的事，或許也記得一些開心、幸福的事。現在，可以嘗試把你記住的事，和前面這些訊息放在一起，看看它們之間可能有怎樣的聯繫。

第六章

如何走出不健康的母女關係？

第三章和第四章介紹了母女之間常見的不健康關係，本章將介紹一些走出不健康母女關係的方式和原則。進入正題之前，需要說明如下幾點。

一、長期、嚴重的不健康母女關係，可能已經給女兒留下一些身心症狀（比如憂鬱）。如果妳發現自己有這類問題，就需要一些專門針對它的措施和方式。本章介紹的方法和建議，主要是針對關係和互動的，而非針對身心症狀。

二、本章大量建議是給女兒的，少量建議是給母親的，但我不打算把它們分開介紹，而是合在一起。妳會看到，給雙方的建議很多時候是相同的，也可以相互借鑑參考。這是因為，所有的母親都曾經是女兒，大多數女兒也會成為母親。

三、這些建議是為「妳」而寫，不是為妳的女兒或妳的母親，所以希望妳在自己身上使用它們，而不要把它們當成控制對方的手段，比如把這本書塞給妳的母親或女兒，理直氣壯地說：「妳看妳看，這章說的就是妳，妳應該像書裡寫的那樣做……。」

四、在這個訊息過於發達的時代，人有時會產生一種錯覺：彷彿讀完一本書就該自然地學會什麼、獲得什麼，如果沒有，讀這本書就毫無意義。於是，很多讀者喜歡找那些有獲得感的書來讀。但一段時間之後還是發現：「讀了那麼多書，仍然過不好自己的生活。」

在我看來，讀心理學的自助書，需要像武俠小說裡的主人公得到一本武功祕笈那樣，一邊讀，一邊體會，一邊練習。一本武功祕笈通常沒有多少字，但主人公練會了就能強身健體、技壓武林——當然不是僅僅閱讀祕笈就能夠做到。

第一節　充分的自我探索和瞭解

在關係中，認識對方不是必要的，唯一必要的是認識自己。

真正致力於自我成長的人，可能大多都會贊同這個觀點。但許多對心理學感興趣的人，常常不由自主地忘記這一個最基本、最重要的觀點。

他們學習心理學有個簡樸的初衷：「我就想知道別人在想什麼。」所以他們認為，檢驗一位諮商師有沒有「程度」的最直接方式，就是問他：「你知不知道我在想什麼？」

這種想法背後常見的動機，一是占便宜：「知道對方在想什麼，就能在交往和博弈中，做出最有利於自身的決定。」二是防止被傷害：「知道對方在想什麼，才能保護自己，不被對方欺騙或傷害。」三是操縱和控制：「知道對方在想什麼，也許就能讓對方按照自己希望的去想、去做。」

其實許多諮商師，甚至非心理學專業的人，都有一些洞察他人的能力，但這並不意味著他們可以成為好的諮商師，更不意味著可以過得比較幸福、滿足。

有的夫妻為了解決關係中的矛盾，雙雙去學心理學，但學習之後，反而吵得更厲害，甚至分手、離婚。這往往是因為他們一直在用心理學分析「對方是個怎樣的人」，希望藉此影響，甚至控制對方——帶著這樣的態度，矛盾自然會升級。

對本書的閱讀也是如此。可能會有一些身為女兒的讀者感慨「我媽媽就是這樣」，也會有一些身為媽媽的讀者會說「我女兒就是如此」。但希望妳們的目光不要停留在這裡。瞭解對方，當然有利於認清妳們之間的關係，但更重要的是認清妳自己，在自己身上下功夫。

比如在上一章中，我們認識了母親「有毒的愛」的常見根源，也許妳藉此機會，對母親的成長史詳細瞭解，明白母親早年經歷多麼不幸、悲慘，育兒過程中又如何得不到支持，所以做出了傷害自己的舉動……妳於是會想：「母親那麼不容易，我不應該再苛求她、責怪她了。」

而這種不苛求，往往導致自己的正當需求被壓抑；不責怪則導致自己對他人的不滿、憤怒、攻擊被壓抑。結果，這種看似大度的「放下」，常常讓女兒誤以為自己「已經好了」，但內心的傷口一直在暗暗流血，帶來慢性的憂鬱、煩躁或相關身體症狀。

所以，在解決關係問題時一定要牢記：最重要的是理解我們自己，以及理解互動過程中發生了什麼。理解對方當然有一定用處，但最終還是要回到自己身上，弄清楚對他人的理解到底給自己帶來了什麼。

如果理解自然而然帶來了原諒、包容、和解、放下，當然皆大歡喜。但如果沒有，也不要覺得奇怪，理解只是理解，不意味著其他。你可以理解三歲小孩就是不懂事，什麼都想拿來玩，沒有規矩，把周圍弄得一團糟。但如果這個三歲小孩就在你家裡，理解他的行為並不意味著要包容他的行為，你仍然可以對他生氣、表達憤怒、跟他講道理、給他立規矩，必要時用身體力量限制其破壞行為。

在母女關係中，女兒把過多注意力放在母親身上，試圖去理解母親，有時下意識希望透過理解來迅速達成虛假的諒解，從而繼續維持和母親的不健康關係，比如繼續順從她、繼續反哺她，繼續和她過分親密。

母親把過多的注意力放在女兒身上去理解女兒，則可能是下意識地想要繼續掌控她、讓她待在自己身邊，或和她更加親密。

母親和女兒面臨的一個共同難題，就是意識到「我是我，妳是妳，我的成長和幸福不需要以理解妳、讓妳成長和幸福為前提」。

讀到這裡，如果你發現前面那些章節給你的大部分收穫都是讓你更理解對方，那不妨重新讀一遍，這一遍為你自己而讀。當你對自身有了更豐富的洞察和感受，再進入後面的章節，則會有更大的收穫。

第二節　識別母親的內在意象並從中獨立

這個建議不僅是給女兒，也是給母親的，母親也常常受到自己母親的內在意象影響，在毫無意識的情況下，做出對自己和他人不利的選擇。

母親的內在意象，是指女兒獨自想問題、做決定時，頭腦中出現的一個聲音、一個形象，甚至一種本能，它的態度和母親非常相似，簡直就像母親在自己頭腦中留下的複製品。第三章介紹的不健康母女關係中，每個類型的女兒都或多或少受到這種內在意象的影響。要走出不健康的母女關係，很重要的一個步驟就是擺脫這種意象。

具體該怎麼做呢？

首先要識別出這個意象。那些對母親有仇恨和拒斥情感的女兒，往往很早就察覺到了內心這個「不是自己」的部分，當她們發現這個部分是源於母親時，還會感到憤恨、挫敗、自我厭惡。而那些陷入與母親的共生關係，對母親過度認同的女兒，則會對這種描述十分困惑。在她們身上，母親的內在意象已經深入骨髓、內化成她們自我的一部分，要在心裡把「媽媽的想法」和「自己的想法」分開，彷彿要把自己的身體掰開揉碎，從中尋找一個個「自我」的碎片。

但這樣的痛苦是值得的，在心靈成長的某個階段，它也會自然發生。那一刻，和母親融為一體的幸福，已經比不上在痛苦中發現自我的幸福；情感上和母親「骨肉分離」的疼痛，也比不上想到要永遠被母親吞噬時的恐懼。

識別出來之後怎麼辦呢？先來看看面對這種內在意象常見的三種態度。

一、認同和服從。內在意象怎麼說，自己就怎麼做，彷彿回到了乖孩子的年紀，凡事都聽母親的，只不過這時聽從的是母親在妳頭腦中的複製品。在「母親」的指導下，自己忙碌，做了許多自己也不知道喜不喜歡的事，內心充滿疲憊和無意義感。第三章中介紹的「空心化」的女兒、被控制的女兒、繼承母志的女兒、反哺的女兒，以及和母親過於緊密的女兒身上，都會有這樣的態度。

二、反認同和對抗。內在意象怎麼說，自己偏不這麼做。內心還會出現另外一個聲音，就像叛逆期的孩子，和母親的內在意象爭執不休。這種態度最常出現在第三章第九節中介紹的對母親感到仇恨和拒斥的女兒身上。

三、看見並選擇忽視。先認出這個內在意象：「啊，這不是我媽媽的聲音嗎？」然後把注意力轉回自己正在做的事情上：「嗯，隨它去吧。」就像母親在妳耳邊嘮叨，但妳想做的事還是平靜地去做了。

這三種態度，常常就是擺脫內在意象時所經歷的三個階段。第一個階段是完全受它的影響，意識不到它之外的自己；第二個階段是意識到了自己的想法，開始和內在意象對抗。這個階段雖然已經能做出自己的選擇，但兩個聲音在內心交戰，還是會讓自己陷入內耗；第三個階段是已經有了足夠的力量感，不必再與內在意象對抗，選擇了無視它。達到這種無視的狀態，內在意象就會慢慢消失，就像對待一位煩人的推銷員，你不理他，他自己就慢慢走開了。

第三節　關注自己的感受和意願，學會自我滿足

識別出母親的內在意象，就是讓自己清晰地意識到「那是媽媽的聲音」，「那不是我的聲音」。接下來的一步，就是要找到妳自己的聲音。

很多女性沒有自己的聲音，每次聽到別人建議或讀到「妳應該做自己想做的事」、「妳應該走自己的路」或「妳要先弄清楚自己想要什麼」之類的話時，她們總會很為難：

「我也不知道自己想要（做）什麼。」

其實，從「不知道自己要什麼」到「知道自己要什麼」，很多時候既不是一個尋找的過程，也不是一個弄清楚的過程——這兩個詞都過於有作為——而是一個「在等待中關注」的過程。

自我的意願，就像草地上的嫩芽，環境溫暖適宜，有陽光和雨露時，自然就萌發出來了。如果心急火燎在地上走來走去，甚至挖開土壤搜尋，反而會破壞它的生長。

如果妳想聽到自己內心的聲音，可以做的就是，多休息，睡飽覺，做點讓身體舒服、放鬆的事，散散步，看看風景，發發呆——或許就在最不經意的那一刻，一些想法會從腦海裡跳出來，讓妳發現：「原來我想要的是這個！」

喜歡抬槓的人可能會問：「如果我發現自己就是想違法犯罪呢？」

這裡需要區分兩個非常容易混淆的東西：一個是內心的意願，一個是創傷導致的欲望和要求。

如果你去異地旅行，在市場上看到一種從未見過的水果：「看起來很好吃，一定要買點嘗嘗！」這就是內心的意願；而如果你想的是：「朋友圈裡那些人肯定都沒吃過，拍張美照晒一晒，讓他們羨慕去吧！」這就很可能是沒有得到足夠認可和尊重的創傷導致的欲望。同樣，如果你想努力賺錢周遊世界，這常常是內心的意願；而如果你想努力賺錢，「想買什麼就買什麼，再也不用為錢發愁」，這就很可能是貧窮的創傷導致的欲求。

區分這一點很重要。追隨和實現內心的意願，是一種健康的自我滿足，能讓人更接近、更確認真實的自我，獲得更多自信和掌控感。但追隨那些創傷導致的欲求，會把人捲進虛幻的欲望漩渦中，離真實的自己越來越遠。

第四節 哀悼過去，接受現實，踏實地生活在其中

哀悼是成長過程中不可或缺的環節，它能幫助我們逐漸接受現實，並踏實地生活在其中。現實當然不美好，但唯有紮根於這些不美好之中，生活才能真正地向前推進。

簡單地講，完成哀悼就是從情感上充分地、完整地接受一個事實：有些東西你已經失去了，有些東西你從未得到過，有些東西此生都無法得到。

哀悼的主題，可以是關於當下、過去或未來的。

在母女關係中，母親和女兒需要完成的哀悼主題至少有以下幾個。

（二）對於女兒

一、**關於過去**：哀悼自己未曾有過正常的母愛或快樂的童年，哀悼早年的創傷和匱乏，讓自己失去了許多發展機會，從而在許多方面落後於同齡人。

還沒有開始這種哀悼時，女兒常對自己的童年經歷、創傷和匱乏閉口不提。如果因為一些症狀不得不前來尋求心理諮商，她們也可能在諮詢一開始就表達出這樣的態度：「我的家庭沒有問題，父母都很正常，成長過程中經歷的不快是許多人都經歷過的，沒有任何特別之處。我現在之所以不好，是因為沒有找到解決問題的方法。我來找你，是希望你告訴我解決問題的方法，而不是談論我的父母。過去的都過去了，說那些毫無意義。」

這種態度當然無法解決問題，它排除了探索根源的可能性，寄希望於「在頭腦中搭建一個脫離背景」的方法系統，結果，建立起的不過是一個空中樓閣，最終發現「道理我都懂，就是做不到」。

很多人不願承認自己「家庭有問題」，認為「家醜不可外揚」，家庭和父母常常被過度「免責」，孩子不論早年遭遇多少摧殘和不幸，成年時都會被教育說：「父母養你不容易，現在你已經長大了，應該為自己負責了。」成長史被一筆勾銷，結果成年後的孩子在面臨巨大壓力時，常常痛苦地拷問自己：「為什麼別人能做到的，我就是做不到？！」

成長的第一步是接受自己的心理殘缺，接受自己的家庭可能被別人視為「異常」。

二、**關於當下：**哀悼母親並沒有能力完成一些重要的「母職」。哀悼自己的世界中的確存在一塊「廢墟」，等待艱難地重建。

和現實中無能的母親相對應的，是對於「全能母親」的幻想。它是共生幻想之外，另一個常見的、對母女關係和親密關係造成影響的幻想。它指的是，幻想母親無所不能，可以滿足自己所有需求。這種幻想投射到親密關係中，會變成對伴侶不切實際的期待。比如有的年輕女孩夢想自己的伴侶高大、英俊、富有、健康、溫柔、體貼、忠誠、聰明……，或者幻想自己的伴侶又會賺錢又能顧家，又會理財又能下廚……。這些幻想，本質上都是幻想一個無所不能的「母親」來滿足自己所有需求。

現實中既沒有這樣的母親，也沒有這樣的伴侶。相當多的母親不知道怎樣做一個好母親，相當多的伴侶也是生澀的新手。女兒如果能接受並哀悼母親在某些領域的無能為力，或許就不會對伴侶有不切實際的要求。

三、**關於未來**：哀悼這樣一種可能性——自己此生再也不可能得到那些未曾得到的母愛，人間最美好的東西，自己可能永遠無法知道是什麼滋味了。

童年缺失的母愛，是有可能在成年後得到替代的。具體在什麼地方、以什麼樣的形式找到替代，會在本章第七節中詳細描述。

但我們要瞭解，有可能發生的事並不一定會發生在我們身上。中彩券的機率和被雷劈到的機率差不多，但樂觀的人往往會放大自己中彩券的可能性，從不去想自己可能被雷劈中，悲觀的人則相反。

同樣，在生活中，樂觀的人會傾向於拒絕哀悼：「我一定能得到自己想要的。」悲觀的人則過早放棄希望。

有的雞湯文會說「美滿的家庭就看你會不會經營」、「做到下面五點就能找到靈魂伴侶」、「想和父母好好相處，這三招就夠了」；反雞湯文則說「百分之百相互信任的關係並不存在」、「無條件的愛只是一種幻想」、「不要去考驗感情，它經不起」。

雞湯文讓人懷有不切實際的希望，而反雞湯文透過宣布「你想要的東西其實並不存在」，的確可以讓人放鬆一些：「反正所有人都得不到，那我得不到就沒那麼難受了。」但這也並非生活的真相。

其實美好的東西的確存在，而且既不罕見，也不總是稍縱即逝。有些人不費吹灰之力就得到了，還能擁有很長時間。這才是更難讓人消化的現實：它在那裡，但也許你無法得到，這和你努力與否毫無關係。

接受這一點，意味著接受自己是個凡夫俗子，命運既無理由對你特別垂愛，也沒必要偏偏跟你過不去。它可能一不小心把你「扔進垃圾桶」，然後完全忘記，也可能一時興起「給你個大禮包」，這世上有相當多的東西是你無法掌控的。

女兒如果不能接受終生得不到母愛的可能性，就會有意無意對母親抱有期待。比如自己學了心理學以後，給母親傳一些心理學文章，希望母親能有所反思和成長，不時打電話和母親溝通討論，甚至花錢送她去參加心理學的課程和工作坊——這種幹勁，像極了多年前母親無法接受女兒是一個平凡的孩子，課餘時間帶著女兒奔波於各種才藝班之間的情景。

還有一些不接受這種可能性、卻沒有覺察到的女兒們，對親密關係懷有不切實際的幻想。她們期待對方能照顧自己、關心自己、保護自己、養育自己、積極回應自己、認可自己、鼓勵自己……，對照第二章的內容不難發現，她們就是在期待伴侶能提供「母職」。

這並不意味著我們不能在親密關係中尋求母愛的補償。並不像有人說的：如果你期待伴侶完成你父母沒能完成的事，那這段關係很可能失敗。

我在一些持久穩定的親密關係中見到的並不是這樣。如果說親密關係一定存在什麼「祕訣」，那恐怕是「平衡」。索取太多本身不是問題，如果索取的同時，也給了很多對方需要的東西，關係仍然可能是平衡的。

內心世界同樣需要平衡。我們需要既不放棄，也無執念，向外追求自己想要的事物，得不到時及時回到內心接納並哀悼。

（二）對於母親

一、**關於過去**：自己生命中有些東西的確錯過了，不論是關係，還是個人發展。錯過的東西不可能在女兒身上實現。

反哺關係中的母親，需要哀悼自己沒有得到足夠的母愛，這一部分既不可能，也不應該讓女兒來彌補。希望女兒實現自己人生目標的母親，則需要哀悼自己錯過的發展機會。

二、**關於現在**：養育是一個逐漸走向分離的過程，女兒從最早「是自己身上的一塊肉」，到最終完全成為一個獨立的人，每一天都在漸行漸遠，這個過程是不可逆的。

理想的母女關係最終的結局就是分離，不是「母親養大了女兒」，而是「女兒借助母親的養育成為她自己」。在這段旅程中，母親的主要角色是一個「工具人」，工具人的學習和體驗當然有樂趣和成就感，但其本質仍然是工具。

母親出於本性，自願拿出自己生命的一部分成就女兒，但這並不意味著做母親就要把自己祭獻給養育工作，而意味著，當母親兢兢業業完成這項工作，女兒終於能夠獨立的時候，應該慶祝一番：從此母親又可以自由自在，為自己而活了。

養育是捐贈，而非投資。母親越早接受這一點，越能平衡自己和孩子的需要，而不至於過度付出，心生怨念，讓孩子背負情感債務。

三、**關於未來**：女兒不會成為自己期望的樣子，她將成為另一個人，而不是母親生命的延續。母親也總有一天會從母職「退休」，承擔起為自己的生活賦予意義的責任。

哀悼這一主題要求母親直接面對死亡和存在，並回到自己的真實身分——母親只是在生命的某個階段承擔了「母親」這一角色。此前，她是她自己；此後，她還是她自己；在此期間，她也「部分地」是她自己。

職業無法成為一個人生命的全部意義，「母職」自然也不該成為女性生命的全部意義。如果她需要在死亡面前，為自己的生命找到一種延續在這世上的感覺，也不應該將其寄託在自己孩子身上。過度延長自己承擔母職的時間，也就迴避了生命中其他的重要內容。

在這個意義上，對母親而言，要走出不健康的母女關係，不妨考慮直接淡出女兒的生活。如果覺得自己的事業和愛好被耽誤了，可以重新撿起來；如果不滿意和丈夫的關係，可以積極調整或選擇結束關係……。即便沒有這樣的嚮往，放下做母親的辛苦，停下來休息也是好的。

有的母親覺得女兒還不夠強大、不夠有能力，自己不能放下不管；有的母親覺得自己年輕時沒有好好照顧女兒，現在自己有了時間和精力，正好可以補償一下。

其實，不論女兒早年是怎麼度過的，成年之後，最能幫助女兒成長的人，通常就不再是母親了。她有老師，有朋友，有偶像，有自己喜歡的書，有學校，有各種活動……，這些更能影響她。

母親可以做的，就是支持女兒找到適合她自己的朋友、老師、學校、書籍和活動，接下來，女兒的成長就會自然而然發生了。

如果母親覺得自己和女兒以往的不健康相處模式，可能會給女兒帶來負面影響，那麼，幫女兒找一個心理諮商師也許是個好辦法——專業的事交給專業的人去做。

當然，這又是一個需要母親哀悼的主題：如果自己過去在母親的位置上做得不夠好，只能接受這一點，而不是打著補償女兒的旗號，入侵她的生活，那樣只會給女兒帶來更多困擾。一些年輕時忽視女兒的母親，到了中年突然醒悟過來，覺得虧欠女兒太多，想要彌補女兒，於是開始像關心小孩一樣關心已經成年的女兒「早餐吃得有沒有營養」、「天冷了有沒有穿衛生褲」……，這樣的母親只是在滿足自己，用這些付出來平復自己的內疚感，而不關心女兒是否真的需要她的關心。

母職是隨著女兒的成長漸漸收縮的，到後面，母親只需要「在那裡」就夠了：保持開放、寬容、接納和平靜，讓女兒在遇到問題時，可以毫無負擔地打電話和母親商量、向母親傾訴，而不用擔心母親會大驚小怪、過度擔憂、評判或指責她。

如果成年的女兒不再需要母親（哪怕只是在賭氣），母親也有必要尊重女兒的這一選擇。

知道了需要哀悼的主題，那麼「哀悼」這件事到底是怎麼進行的呢？這方面有非常多的心理學書籍和文章可供參考，在此我只想補充一點。

「哀悼」這件事，在不同狀態的人身上，可能有不同的表現，但如果你是個「哀悼新手」，那麼哀悼常常就是大哭一場，甚至是「長夜痛哭到天明」，然後發現，自己好像放下了些什麼。

第五節　了結過往恩怨：表達並化解對母親的憤怒等負面感受

許多人在面對過往恩怨時，常常相當無力，出於脆弱的自尊，這種無力感又多被一些陳腔濫調所掩蓋。

如果村裡一位老奶奶對你講述她為什麼和另一位老奶奶有過節，故事可能會追溯到她們小時候甚至上一代。但如果你耐心聽完她的一肚子苦水並為此憤憤不平，她又會反過來安撫你：

「過去的事就讓它過去吧，想來想去有什麼用呢？人要學會向前看。」

「人生在世，難得糊塗。」

「退一步海闊天空，做人不能太鑽牛角尖。」

在關係中，不解決過去留下的問題，雙方就很難輕鬆、自然地往前走。許多母親在養育過程中，都有意無意、或多或少給女兒造成過傷害，許多女兒也都或多或少，對母親懷有各式各樣的負面感受。一些女兒能意識到自己這些負面感受（比如第三章第九節中對母親感到羞恥和憎恨的女兒）；但在更多女兒內心，往往壓抑著大量對母親的憤怒、不滿和惡意。

隨著自我探索的深入和對母女關係的更多瞭解，這些負面感受可能會一一浮現出來，這常常讓「乖女兒」們驚慌失措，當她們發現自己心中竟然深藏著對母親的怨恨和惡意時，會十分不安，希望儘快擺脫這些感受，重新變回「乖巧」、「懂事」、「孝順」的女兒。

那麼，該怎樣處理這些感受呢？

首先當然是要接納它們。所有負面感受的出現都是有原由的，它也在提醒我們有些問題還沒解決。

其次要做的，是按照原由的不同，進行不同方式的應對。這裡，我把這些感受按照原由的不同分為兩類。

第一類負面感受，是在幾乎所有親子關係中，哪怕那些非常健康的親子關係中也會出現。比如，幾乎所有孩子都曾因為父母不願滿足自己的某個願望，而心生怨恨。這是成長中無法避免的感受，即便最有能力、最寵愛孩子的父母，也不可能把天上的月亮摘下來給孩子。

第四章第四節中也提到，一些由單親母親撫養大的女兒，往往會（有時是潛意識）對母親有更多怨恨。她們嫌母親這沒做好、那沒做對，同時對那個偶爾出現，甚至從未謀面的父親，懷有許多美好的想像。這種想像的中心思想就是：「如果這時候爸爸在，他一定會做得比媽媽好。」

一位整日忙於家務和工作的單親母親，很可能沒有心情和孩子好好說話；而幾個月出現一次的父親，只需憑藉一點零食和玩具，以及幾個小時的簡單陪伴，就能讓孩子的世界明亮起來——這對母親來說是不公平的。

但這就是孩子真實的感受：母親成天愁眉苦臉，父親卻能帶來快樂！

在這些例子裡，女兒對母親的負面感受，如果自己能消化，而不是向母親發洩，恐怕是最好的。

女兒對母親的第二類負面情緒，則的確是因為母親嚴重「失職」造成的。比如把女兒培養成反哺自己的小大人（第三章第七節），拉攏女兒一起打壓父親（第四章第三節），剝奪女兒應得的資源寵溺兒子（第四章第六節）等。

這些都是真實存在的傷害，但許多長年遭受這些傷害的女兒，反而覺得母親很可憐，母親對自己很好，當她們潛意識裡對母親的負面感受偶爾浮現時，也會被自己立刻壓抑下去。這種情況下，女兒最好把相應的負面感受表達出來，以此為契機和母親「了結過往的恩怨」。

不過，這兩類負面感受之間並沒有明確的界線，有時很難判斷到底屬於哪一類，容易讓人感到迷惑。比如，母親在並沒有影響自身「母職」的情況下婚內出軌，女兒對此產生的負面感受，是否應該由母親負責呢？

我們也許會認為這是父親和母親之間的問題，只要母親還在負責任地養育女兒，女兒因此產生的負面感受，就是一個需要在自己內心進行探索和消化的「心理問題」，而不應該由母親來承擔責任。

這類處在「灰色地帶」上的場景，恐怕只能由當事人自己來判斷了。當事人做出的判斷有可能讓自己後悔，但這就是關係：既定的標準很少，我們只能在來回試錯中漸漸接近

「對」的東西。

好在關係往往有一定容錯性，如果女兒因為誤會了母親而大罵她一頓，事後誠懇地向母親道歉，通常母親是能夠諒解女兒的。

那怎樣才算是了結母女之間的過往恩怨呢？

我們需要把「恩」和「怨」分開處理。

人們喜歡把「恩」和「怨」攪和在一起，成為一筆「糊塗帳」。典型的話術就是：「你看他也有對你好的時候，所以你就不要跟他計較了。」

恩和怨，就像金錢的收入和支出一樣，可以量化衡量，雖然無法像數字那樣精確，但當它偏離平衡太遠時，你的情緒和情感會對你有所指引。好比一位顧客到你開的餐廳裡擺了一桌宴席，並留下五百元小費，之後就每個週末來吃一頓霸王餐，賒帳不付。到了第三、四個週末，你內心會產生難以抑制的憤怒，覺得他已經過分了。

如果你的性格比較軟弱，也許會說：「之前的五百元小費我不要了，還給你。後面這幾頓餐錢你要給我結清！」

如果你的性格比較強勢，也許會說：「之前給小費是你自願的，又不是我跟你要的。既然是自願給的那就是我的，後面這幾頓餐錢你要另外付清！」

這兩種做法都可以。

把這樣的原理，應用到持續了十幾年，甚至幾十年之久的母女關係中，會是一項浩大的工程，而且也不可能得出數字般精確的結論。但這個過程很重要，它讓雙方都能表達自己的委屈和不公平感，讓關係中獨自承擔的部分被看到，幸運的話，甚至能達成雙方相互體諒，握手言和。

和所有的討價還價一樣，處理恩怨的過程中也可能出現意見分歧、不信任、失望、喪氣，會有更多壓抑的情感爆發出來，火上澆油引發衝突。但如果能順利經歷這個過程，母女關係會變得更真實、更深刻。

具體來看，「恩」需要感謝和回報，「怨」則需要澄清、承擔、道歉、補償和改變。父母總是期待被兒女感恩，很難發自內心接受兒女的怨恨。但在親子關係中，就像其他所有事情一樣，當父母做到的時候，孩子才更容易做到。

不過需要注意，了結母女恩怨的前提，是雙方都願意了結這些恩怨，從而把關係繼續下去。有的女兒對母親已經心灰意冷，有的母親不願意反思自己的問題，這時「了結」恩怨幾乎是不可能的，關係也許會走向徹底決裂。

害怕分離或恐懼被拋棄的人，聽到這種可能性也許會感到不安：「畢竟是母女，怎麼能決裂呢？」但他們常常多慮了。個人先於關係，如果有些問題解決不了，導致關係無法繼續，那也不必勉強，各自過好自己的生活就行。

另一方面，母親也可能對女兒產生許多負面感受。處在育兒和各種身心壓力下的母親，會覺得女兒是她的「小冤家」、「前世的債主」，甚至產生傷害或遺棄女兒的想法。但我們不能因為這些感受的出現而認為「女兒傷害了母親」，不能把嬰兒的反覆哭鬧看成「對母親的惡意折磨」，也不能把成年女兒的獨立願望，看作是對母親的「違逆」、「背叛」或「拋棄」。

許多母親在心理層面還是「沒長大的孩子」，但我們在這裡的確要使用「雙重標準」，把更多責任放在成年人身上，而非孩子這邊。這是一個既定前提，不需要進一步討論，因為唯有成年人承擔起對孩子的責任，人類才有可能生生不息。

第六節　各自歸位，建立並遵守人際邊界

前面講過許多母女關係的不健康模式，不論是過早反哺，還是內疚感控制；不論是聯手抗「敵」的母女，還是重男輕女的母親，對女兒而言，其中大部分問題，都可以透過建立並捍衛自己的邊界得以解決。

所謂邊界，就是我和你是獨立的個體，我們有各自的感受、觀念和願望，誰也沒有義務為對方負責。它就像你和鄰居的小菜園之間的一道籬笆，它的存在時時提醒著你們：這邊是你的地盤，那邊是他的地盤，你種什麼菜他管不著，他那邊結的果子你也不能摘。

邊界意識常常會對人際關係習慣形成挑戰。很多人不僅沒有捍衛自己邊界和尊重對方邊界的意識，反而時常有種想要模糊或推翻邊界的意願。比如喜歡說：「我們是一家人

啊……」、「我是妳媽啊……」、「妳是我女兒啊……」、「我們兄弟倆誰跟誰啊……」，後半句話，經常就是在入侵對方的邊界，不是占對方的便宜，就是侵犯對方的自由，比如：「我們是一家人啊，妳還跟我計較這點？」、「我是妳媽啊，妳不該聽我的嗎？」、「妳是我女兒啊，我不操心妳操心誰？」彷彿笑嘻嘻地推倒這道籬笆，接下來想怎麼樣就怎麼樣。

人際邊界的意義，是保護彼此的自由和利益不受他人侵犯，當然，更多時候，它是在保護弱者不受強者的侵犯。

母女關係中如果沒有邊界，女兒就不得不一直和母親「黏連」在一起，母親給什麼自己都得接受，母親要什麼自己都得付出。

怎樣確立母女關係邊界呢？主要有兩個方面。

一、**要對任何模糊邊界、侵犯邊界的話語和行為有所警惕**，比如前面講的「因為我和妳有什麼關係，妳就應該怎樣」，或者「我做什麼都是為妳好」之類的表達。

再比如，有的母親會偷看女兒的日記、不經女兒同意就隨意處理她的東西，還有那些要求女兒過早反哺的母親，和經常使用內疚感控制女兒的母親，常常會暗示女兒：「妳應該為我的感受負責，現在我難受了，所以妳就應該服從我，或者照顧我。」

遇到這些情況，一定要仔細思考，對方的說法和做法是不是合情合理，自己是不是認同這樣的邏輯。

二、**要用行動捍衛自己的邊界**。

很多被母親侵犯邊界的女兒會哀歎：「我反反覆覆和她講道理，可她就是不聽啊！」這種說法恐怕忽略了人際關係方面一個非常重要的常識：喜歡講道理的人往往沒有權力，真正掌握實權的人則不大喜歡介入道理的討論，甚至對道理壓根兒不感興趣。

所以女兒要想捍衛自己的邊界，往往需要用行動來達成。這種行動也許是爭吵、拒不合作。在沒有邊界感的家庭中，確立邊界的過程往往都是劍拔弩張、火藥味十足。但這是一個必經的過程，無法迴避。

仍然沉溺在母女關係的粉紅色幻想中的女兒們，看到這裡可能會有些生氣：「怎麼能把母親當作不可理喻的動物呢？」

別忘了，妳自己在成長過程中，也有相當多時刻被母親當作不可理喻的動物。為了讓妳學會走路，她拿妳喜歡的玩具在前面吸引；為了鼓勵妳好好學習，考出好成績，她就給妳買喜歡的玩具，考試不及格就要懲罰妳週末在家寫作業，不能出去玩……，如果沒有把妳當作不可理喻的動物，她怎麼才能把妳拉拔過叛逆的青春期呢？

第七節 尋找母愛的替代：找機會把自己重新養育一遍

許多借助心理學瞭解了童年創傷的人，都有這樣一個疑問：「是啊，我就是缺少母愛，母親在我小時候無法完成某種母職，導致我現在成為這個樣子。然而這些事已經過去了，我還能怎樣呢？能時光倒流讓她把我重新養育一遍嗎？」

時光不能倒流。不過彌補童年缺失的一個通用方案，的確就是找到機會把自己重新養育一遍。優質的人際關係或心理諮商，能帶給人深刻持久的改變。

讓我們回到第二章介紹的母職的十個部分：生命之源、養育者、依戀對象、保護人、第一響應者、調節器、鏡子、啦啦隊隊長、導師、大本營。

來看看哪些人際關係可以彌補母職，它們各自能彌補哪些部分。

● 親密關係

許多女性也許沒有意識到，她們對親密關係的渴求，很大程度上就是在彌補缺失的母愛。她們希望伴侶給予照顧、保護、及時響應、認可和讚許，安撫和調節她們的情緒，同時希望伴侶溫柔、體貼、有耐心、有責任感、有同理心……，這其中的許多本質，其實就是「好媽媽」的本質。

每個人都試圖在親密關係中滿足自己的需求，女性當然也可以在親密關係中尋求缺失的母愛。但男性在成長過程中，被培養或鼓勵的特質更多是積極進取、冒險、競爭、自我要求、承受壓力、攻擊和掠奪，而不是當「好媽媽」。女性如果希望在他們身上找尋母愛的補償，很容易感到失望。

● 其他女性長輩

在一些善良、慷慨的女性親戚那裡，妳也能得到一些母愛的補償。她們會給妳做好吃的，聽妳傾訴，幫妳想辦法，為妳撐腰，鼓勵妳……。

但妳要調整好對她們的期待。當妳看到她們對自己的孩子比對妳更好時，可能會感到刺痛，覺得不公，甚至激起一種「同胞競爭」的情感。這時有必要提醒自己：妳畢竟不是他們的孩子，她們對妳再好，也不會像對她們的孩子那樣好，但就是這些好，也已經超出了普通親戚的標準。當妳衡量和她們的關係得失時，需要站在真實的位置上，而不是潛意識地將自己想像成她們的孩子。

● 孩子

第三章第七節中講過，母親不能在孩子身上尋找母愛的補償，這對孩子來說是不公平的，也會影響孩子的健康成長。

● 朋友

朋友可以提供一定的及時回應、情緒安撫、鏡子、讚許等功能。友誼是相對輕鬆的人際關係，可進可退，也沒有太多壓力和負擔。但同時，能提供的母愛補償也是有限的、不穩定的。

● 上司、前輩、優秀的長者

這類人不太容易親近，他們通常能提供的母職角色包括鏡子、導師、保護人和大本營。他們有時能給你真實、坦誠的回饋，提供人生選擇或職業發展上的指導；如果遇到緊急情況，也可以從他們那裡獲得幫助。

只不過，對年輕男孩來說，從男性長者那裡獲得支持和幫助，是比較常見的，而對女孩來說，有能力、有意願做到這些的女性長者則比較少見。而女孩向男性長者求助又會帶來一定風險：一些男性長者並不願意白白給予「替代性的家長之愛」，他們希望從中獲取回報，以滿足自己的欲望。

● 保姆

這個樸實、低調的角色很容易被忽視，其實她們是提供身體層面養育替代的最佳人選。如果妳想有一個媽媽，充分尊重妳的邊界，不干涉妳的私事，也不嘮嘮叨叨，卻能在妳上班時把家裡收拾乾淨，又能讓妳下班回來就喝上一口熱湯，她的存在還能讓妳有一種「家裡有個人」的安心感，這種情況下，家裡有一位保姆阿姨再合適不過了。甚至在妳懷孕分娩、坐月子的時期，如果不希望媽媽再捲入妳的生活，又需要經驗豐富的女性幫助，月嫂是一個很好的選擇。

● 心理諮商師

心理諮商師是為尋求諮商的個案提供「情感層面再養育」的專業工作者，他們能夠關注、調節、承載個案的情緒，做她的「鏡子」，讓她看到真實的自己，為她的進步喝采，有時也階段性地做她的「依戀對象」。個案有問題時，可以隨時去找諮商師，從這個意義上也算是「大本營」。

如果妳沒有得到過好的養育，也沒有人可以幫妳，妳可以自己把自己重新養育一遍。

（一）生命之源

如果妳知道自己是被領養的，或者出於某些原因，妳沒有辦法或不願意對母親產生「生命之源」的感覺，又在這一點上覺得空空的，那麼替代方案之一是多接觸大自然。

大自然是一切生命的來源，是所有母親的母親，就像我們所說的「大自然之母」，當妳感覺到和她的連接，感覺到她對妳無聲的支持和養育，感覺到這種亙古以來就存在的默默的愛意，也許妳就能找到生命之源的感覺。

（二）養育者

妳有沒有好好「養育」自己呢？妳愛自己嗎？會好好照顧自己的身體需求嗎？會給自己做好吃的嗎？會注意營養嗎？會鍛鍊身體嗎？會在疲勞的時候及時休息嗎？

加班時吃個泡麵充飢，晚上兩、三點才睡，為了減肥每天只吃一餐，穿著單薄的衣服過冬，如果妳難以判斷這些算不算是「沒照顧好自己」，不妨想像，如果妳是自己的母親，會不會心疼、難過、擔憂？會不會想再為自己做點什麼？

（三）依戀對象

如果沒有一個人可以讓妳依戀和完全信任，也可以把這一功能拆分給好幾個人：一個可以分享成功的親人，一個可以釋放職場壓力的同行，一個可以聊聊日常瑣事的朋友，甚至一個可以讓妳放鬆的空間，比如咖啡館、公園等；或者是一個可以在精神上釋放自己的「世界」，比如日記本、某個網路平臺等。

（四）保護人

保護自己的能力非常重要，這個職能由自己來完成最好。不要期待別人來保護自己：在那個強大的保護人出現之前，或當保護人沒有陪在我們身邊的時候，危險可能已經降臨。

我們需要保護自己，不只是人身和財產安全，還包括不被他人侵犯邊界，不在關係中遭受他人的霸凌和傷害等。

如果小時候家人沒有保護好妳，成年後的妳很可能也不知道如何保護自己。保護自己，需要不斷探索、學習和練習，甚至要經歷很多次試錯。但一位健康的母親，不會因為不知道怎樣保護自己的孩子就放棄她，相反的，她會在內心下定決心要好好保護她——這種決心，是妳需要自己給自己的。

（五）第一響應者

做自己的及時響應者，就是對「自己的需求」保持敏感，聽到內在吶喊時，立刻去關注它。就像對孩子一樣，即便不知道她它為什麼喊叫，也不知道自己該做什麼，只要妳第一時間趕到，並持續地關注它，就能給它帶來一定的安全感，讓它知道有人重視它，願意幫它解決問題。

一位好母親，會把孩子的需求排在其他事情之前。比如有人問，如果幾件事情同時發生，比如電話響了、門鈴響了、孩子哭了，妳會先解決哪一件？好媽媽無疑會先去抱孩子。

熬夜加班趕簡報時，妳會聽到身體裡的吶喊、哀歎、哭泣嗎？妳會關注這個聲音需要什麼？還是呵斥它安靜下來，不要打擾妳的工作？妳會把自己的舒適、健康和發展放在第一位？還是更看重別人對妳的看法，和社會對妳的評價？

（六）情緒的承載和調節者

許多人遇到負面情緒時，喜歡用各種辦法轉移注意力：看電視、滑手機、投入工作、吃東西……這種應對情緒的思路，很可能源自母親養育妳的過程中，應對妳情緒的方式。

很多母親並不會真正應對孩子的情緒，她們時常只是想盡辦法讓孩子的情緒表現消失。比如看到孩子哭，她們可能沒有耐心或興趣去瞭解孩子為什麼哭，而是想「怎樣可以讓孩子不哭」：給顆糖、拿玩具哄、大聲呵斥，或直接打孩子。

如果妳兒時也是這樣被母親對待，現在妳就需要換一種方式對待自己。妳可以試著去尋找適合自己、可以直接面對、承載和調節情緒的方式，比如冥想、正念、瑜伽、呼吸練習、寫日記等。

（七）鏡子

如果沒有人能鏡像妳的感受，妳可以透過寫日記並反覆閱讀以往日記來確認自己。雖然人很難對自己有精準的「自知之明」，但也並非總在錯誤地感知自己。透過記錄並比較不同時刻對自己的感知，妳會慢慢發現真實的自己。

需要注意的是，僅僅記錄生活事件的日記，可能很難幫妳做到這一點。更有用的記錄內容是妳的身體感覺、情緒感受、觀點看法、夢境、幻想，以及對它們的反思。

（八）啦啦隊隊長

成功的時候，妳是否會在心裡歡呼雀躍並誇讚自己？遇到困難的時候，妳是否會在心裡鼓勵自己、為自己打氣？

如果妳還沒完全擺脫他人的內在意象，成功時妳也許會故意克制激動的心情，對自己說「謙虛使人進步，驕傲使人落後」；遇到困難時則斥責自己：「這點事都解決不了，妳還能幹什麼？」

要讓妳的啦啦隊隊長被聽到，有必要先讓這個喪氣的聲音退到角落裡。具體方法，可以翻回本章第二節複習一下。

擺脫了這個內在意象，妳就可以試著做自己的「啦啦隊隊長」了。也許一開始妳會覺得有些彆扭，因為從來沒有人為妳歡呼過。但只要稍加練習，妳很快就會喜歡上這個角色。

（九）導師

如果妳找不到一個具體的人來承擔這一職能，妳也可以找一本書。人最好的導師，其實就是自己勤學好問的本質。

（十）大本營

如果沒有一個人可以做妳的「大本營」，可以嘗試把「大本營」的功能拆開來分散到各處，比如：

- 做好財務規劃，以備不時之需。
- 積累一定的財產，讓自己有安全感。
- 為自己買好保險，應對意外事件。
- 做好人生規劃，考慮未來的人生各階段可能會遇到哪些困難，提前準備好應對方案。
- 找到一些妳待在其中會感到平靜、安心，甚至有歸屬感的場所，比如某座古蹟、圖書館、一片林中草地、某個水邊的亭子……，可以在妳需要時前往。

第八節 調整人際關係地圖：不要和母親生活在一座孤島上

如果把生活中每個人和你的親密程度具體化為「距離」，並在一張圖上表示出來，就可以得到你的「人際關係地圖」。這張圖會隨著我們的成長不斷變化：一些人離去，一些人加入，一些人更親近，一些人則變得疏遠。如圖6–1所示。

如果這兩張圖是同一個人、在不同人生階段的人際關係地圖，你能猜出哪張在前、哪張在後嗎？

儘管其中的人物構成幾乎一樣，圖6–1a更像一個人小時候（比如幼稚園或學前班）的人際關係地圖，圖6–1b則更像在國中時代的「人際關係地圖」。

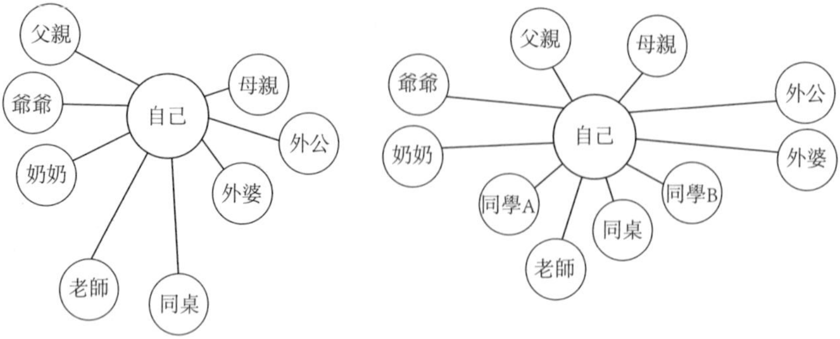

a）　　b）

圖6–1　人際關係地圖

等到了中年，人際關係地圖則可能變成圖6–2這樣：

可以想像，隨著年齡的增長，父母在這張圖中所體現的親密程度日漸降低。

但在大多數不健康的母女關係中，母親和女兒的親密程度並沒有隨時間拉開距離的跡象。簡而言之，不論母女之間多麼相愛相殺，她們始終是對方心裡最在意的那個人。女兒的人際關係地圖可能一直像圖6–3這樣。

這種停滯不前、過於緊密的關係，其本身也是不健康母女關係模式的溫床。

妳也可以試著畫一下自己每個階段的人際關係地圖，看看妳和母親是不是一直靠得太近。

然後可以結合自己當前的人際關係地圖想一

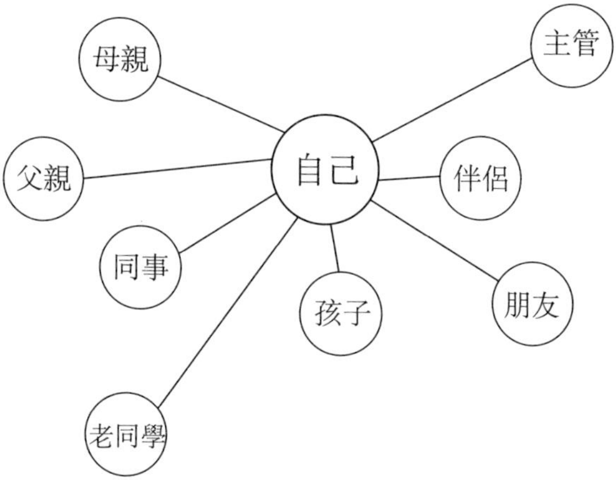

圖6–2　中年時期的人際關係地圖

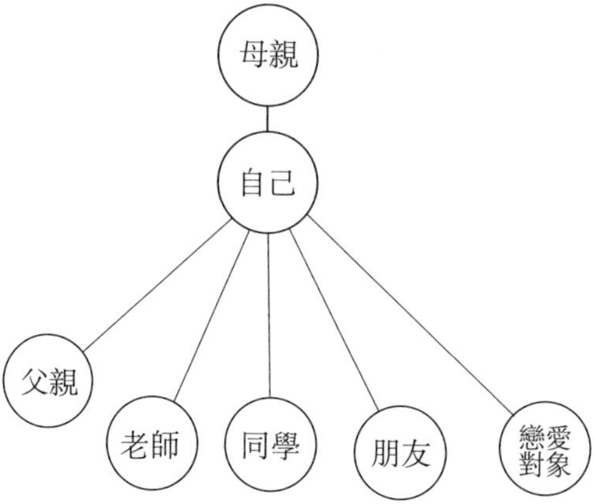

圖6–3　不健康母女關係中女兒的人際關係地圖

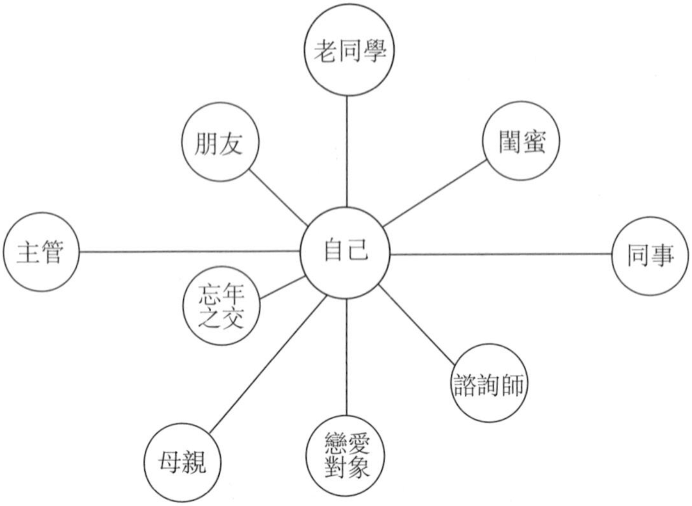

圖6–4　支持性人際關係地圖

想：

這張地圖豐富嗎？還是顯得有點冷清？

如果這張地圖有點冷清，妳希望把誰加進來嗎？

怎樣讓上一節提到的那些可能提供替代性母愛的人加入這張地圖，並讓他們靠近妳，從而讓自己處在支持性人際關係地圖中（圖6–4），而不是像圖6–3表示的那樣，彷彿和母親生活在一座孤島上。

修改妳的人際關係地圖是一項浩大的工程，可能需要幾年時間。妳不必急於求成，勉強自己去建立和維繫許多也許並不必要的關係，只需朝這個方向慢慢努力就好。有一天，當這件事真的完成時，妳自然會發現，自己和母親的關係已經不會給妳帶來那麼多困擾了。

如果妳是母親，本節介紹的原理同樣適用。妳可以畫出自己人生不同階段的人際關係地圖，看看是不是自從生下孩子，妳的人際關係地圖就開始收縮了？同學、同事、朋友、師長是否都漸漸離妳遠去，從「地圖」上消失了？丈夫是不是退到了一個不遠不近的地方，剩下妳和孩子緊靠著待在地圖中心？這樣的圖景已經持續很多年了嗎？

是時候修改它了。除了女兒，妳希望哪些人離你更近些嗎？如果妳和他們靠近些，也許妳和女兒都會感覺更舒服。

第九節　無畏競爭、取勝、掌權和建立新規則

傳統文化中的女性，有一些共同的性格特質會間接影響母女關係的本質，比如害怕衝突和競爭，不喜歡取勝或表現得優秀，常常自願成為既有規則的服從者，而不想去建立新規則或監督規則的執行。這些特質不僅讓女性在社會上表現得較為退縮，也讓她們在家庭關係中傾向忍氣吞聲，忍辱負重。

面對許多現實生活的挑戰，母親能否用一種更主動、更開放、更有力量的方式應對，常常決定了她能給母女關係帶來一個怎樣的生態環境。下面這些判斷，雖然並不絕對，但在很多實例中是成立的。

- 如果母親有事業，她往往就能在家庭裡有更多話語權，對其他成員的不健康依賴會更少，不安全感更少，更有能力保護孩子，對孩子的控制慾也會更弱。
- 如果母親及時結束傷害性的婚姻關係（比如家暴、情緒虐待等），女兒受到的傷害也會更少，而母親把壓抑的負面情緒無意識地發洩在女兒身上的可能性也更小。
- 如果母親經常能感受到自己的力量和對生活的掌控感，就不太會對女兒使用「內疚感控制」這種傷害性的方式。
- 如果母親有家庭地位、有閨蜜、有高品質的人際關係和社交生活，就不太會把女兒緊緊捆在身邊。
- 如果母親能滿足自己的需求，充分照顧好自己，就不會期待女兒來「反哺」她。
- 如果母親能追求自己的理想，就不太會把沒有實現的願望寄託在女兒身上。
- 如果母親更有能力、更有眼界，就更可能平等對待兒子和女兒。
- 如果母親不害怕衝突和競爭，不過度壓抑自身的攻擊性和憤怒，也許就不會坐在受害者的位置上道德綁架他人。
- 如果母親不被「賢妻良母」、「忍辱負重」的性別刻板印象所束縛，必要時拿出魄力去建立新的家庭規則，就有可能及時結束不健康的家庭互動。

當然，這些都是理想的情況。現實中，當社會對女性和兒童的保護、照顧不足時，母親就會面臨來自各方面的更多壓力。做母親是世界上最艱難的事。但在母女關係中，如果母親希望改變現狀，就應該指望自己，而不要指望女兒。

在這一方向上取得顯著進步的母親，也將成為女兒最好的榜樣，讓她在面對這個危機四伏的世界時更有勇氣和信心。

尾聲

每一位女性都有自己的母親。因此，本書所討論的內容理應是和所有女性息息相關。

但有一類女性大概不會對這本書感興趣，如果朋友們談起這類話題，她們多半也不會參與。因為她們心裡有一個巨大、漆黑的空洞，其中布滿難以言喻的傷痛。如果這個「空洞」會說話，那多半是一句冷冷的：「妳們這都是奢侈的煩惱。」

她們就是那些很早失去母親的女孩。

我一直想為她們寫點什麼，但又很難把這個話題列為本書的某一章。就像我們在討論如何裝修自己的住所，但這世上的確有人連自己的住所都沒有，夏天在涵洞裡棲身，冬天在二十四小時的自動提款機前過夜。邀請她們加入關於裝修的討論，實在是件殘忍的事。

那些很早就失去母親的女孩，即使幸運地得到了物質上的保障，也常常過著情感上顛沛流離的生活：這裡得到別人施捨一點關注，那裡獲得一點支持，她們有時壓抑這些需求故作清高，有時混沌地任人擺佈。在《紅樓夢》裡的林黛玉、香菱身上，我們可以瞥見這些女孩的性情和命運。

面對如此巨大的缺失，她們能為自己做點什麼嗎？

答案是肯定的，因為「母愛」並不僅存在於母親身上。

它存在於每一棵樹、每一片葉子、每一個細胞裡的每一粒葉綠體中，在那裡，陽光、水分和空氣被合成碳水化合物，為生態系統中的整個食物鏈提供營養，就像母親的乳汁。

它存在於每一顆舒服的枕頭上，你可以用力搥打它，可以把它扔來踩去，盡情拿它撒氣，之後仍然靠在它身上安睡，而它絕不計較。

它存在每一首溫柔的歌裡，你可以在難眠的夜裡循環播放，就像在孩子耳邊低吟的搖籃曲。

它存在於空氣裡，我們毫不以為意地呼吸著，完全想不到是它在分分秒秒地維持著我們的生命。

如果你躺在夏夜的草地上遙望星空，會感覺到地球載著你，在浩渺的宇宙中悠悠前行，就像母親背著孩子走在鄉間小路上。

母愛彷彿是宇宙自身的屬性。最後的最後，當我們化為塵土時，又和它重新融為一體，一如最初的最初。那裡沒有思考，萬物在相擁中呼吸。

後記

本書最初是應好友翟鵬霄之托，為一門女性成長課程撰寫的講稿。為了符合這一形式，我試圖讓它更有條理性、更「整齊」、更容易記憶。以這樣的方式拆解母女關係這樣一個複雜的議題，恐怕多有所失，還望讀者見諒。

感謝翟鵬霄女士對我的鼓勵，以及在確定內容構架時提供的諸多建議和啟發。

寫作本書期間，我的兒子從咿咿呀呀的學步兒童，長成了人厭狗嫌的三歲「熊孩子」。感謝他讓我體會到做母親的豐富滋味。更感謝我的丈夫，承擔了超過一半的「母職」，讓我在工作之餘還能抽出時間寫作。

這一過程也讓我親身驗證了本書中的說法：「母職」本就不是母親一個人的事，如果其他家庭成員能夠分擔這些職能，母親也將有機會發揮出她自己作為「人」的潛力。

如果所有家庭都有其他家庭成員願意為母親分擔養育職能，相信我們會看到更多優秀的女性和她們的作品。

最後，感謝我的母親盛如翠。她一生坎坷，在我二十三歲時去了另一個世界。她不解的，我已想明白；她恐懼的，我已能獨自面對；她不知道該怎麼說的，我可以清楚地寫出來。我的發展早已超出她的想像，她給我的愛裡的「毒」都被我拿來練了功。如今我對她，只有感恩。

她生前常說：「養兒方知父母恩。」她似乎早已理解養育的真義，沒有期待我回報什麼，只希望我把這份母愛和這份養育力傳遞下去，成為生生不息的人類歷史鏈條上，連接過去和未來的一環。

母女關係裡的種種問題，以及我們對這些問題的討論，也許正是這根鏈條在承受外界重壓時的迴響，希望可以被越來越多的人看到、聽到、感受到。

附錄

情緒筆記：四步驟消化負面情緒

在嘗試理解過去的經歷時，可能會湧出許多負面情緒和痛苦，為了幫妳更好地承載和消化這些負面情緒和痛苦，我有以下建議。

①選擇一個穩定、安靜、放鬆、私密的環境，放下手機，用半小時以上的時間來閱讀。這樣的空間，有助於妳放下防禦，打開心靈，去接受這本書可能帶給妳的觸動。

②可以在旁邊準備一本筆記本，當妳受到觸動時，及時把妳的想法和感受記錄下來。（不建議記在手機上，因為手機訊息會干擾妳。）

③跟隨心靈的觸動，去感受、回憶、表達。在閱讀本書時，妳可能被一個詞、一句話、一張圖片所觸動，它是一條線索，可以把妳帶到感受層面，帶到記憶深處，帶到過去那些沒有得到了結的事件裡。妳可以試著跟隨它、體驗它、描繪它。有時妳可能會受到一種感召，要把某些東西表達出來，那就去表達，寫一個故事、畫一幅畫、找個沒人的地方嘶喊出來都可以。如果這個觸動引起妳幻想未來或不可能發生的事情，妳可以去幻想，但要保持覺察：這只是過去的延伸和投射，要想發生真正的改變，最終還需要回到過去。

④讓情緒自由流動。悲傷，就大哭一場；快樂，就放聲大笑；無力，就安靜地躺著；挫敗時，不要著急讓自己振作起來；難過時，不要強忍眼淚；憤怒時，不要壓抑自己……，試著去「承受」每一種情緒，就像大地承受每一場雨雪。生命活力的萌發，常常出現在雨雪過後的一段時間裡，短則幾個小時，長則幾個星期。

繪圖空間

真正的成長，往往是因為（或伴隨著）對自己更深刻、更持久的理解。

繪圖空間

有效的心理諮商，不是避開過去造成的痛苦，
而是承載、消化和穿越它們。

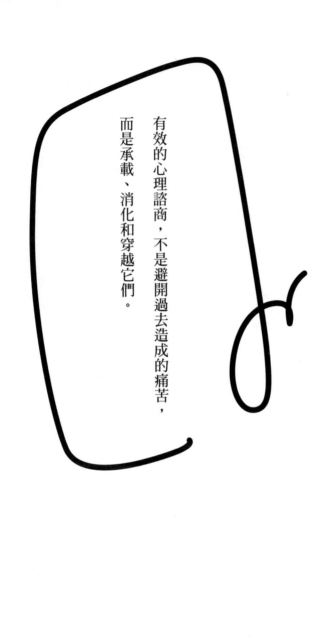

繪圖空間

在關係中，認識對方不是必要的，
唯一必要的是認識自己。

繪圖空間

看見並選擇忽視。先認出這個內在意象：「啊，這不是我媽媽的聲音嗎？」然後把注意力轉回自己正在做的事情上：「嗯，隨它去吧。」

繪圖空間

找到妳自己的聲音。

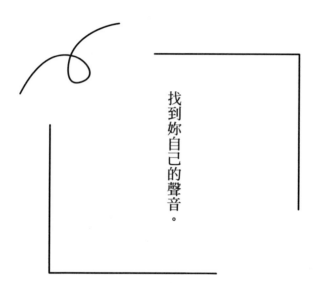

繪圖空間

養育是捐贈，而非投資。

繪圖空間

母愛有毒：掙脫束縛療癒母女關係，與自己和解

作　　者　于玲娜
責任編輯　夏于翔
協力編輯　黃暐婷
內頁構成　李秀菊
封面美術　萬勝安

發 行 人　蘇拾平
總 編 輯　蘇拾平
副總編輯　王辰元
資深主編　夏于翔
主　　編　李明瑾
業　　務　王綬晨、邱紹溢
行　　銷　曾曉玲
出　　版　日出出版
　　　　　地址：10544台北市松山區復興北路333號11樓之4
　　　　　電話：02-2718-2001　傳真：02-2718-1258
　　　　　網址：www.sunrisepress.com.tw
　　　　　E-mail信箱：sunrisepress@andbooks.com.tw

發　　行　大雁文化事業股份有限公司
　　　　　地址：10544台北市松山區復興北路333號11樓之4
　　　　　電話：02-2718-2001　傳真：02-2718-1258
　　　　　讀者服務信箱：andbooks@andbooks.com.tw
　　　　　劃撥帳號：19983379　戶名：大雁文化事業股份有限公司

印　　刷　中原造像股份有限公司
初版一刷　2022年11月
定　　價　390元
I S B N　978-626-7044-75-9

原簡體中文版：《掙脫母愛的束縛：母女關係中的傷痛與療愈》
作者：于玲娜

國家圖書館出版品預行編目（CIP）資料

母愛有毒：掙脫束縛療癒母女關係,與自己和解／于玲娜著. -- 初版. -- 臺北市：日出出版：大雁文化事業股份有限公司發行, 2022.11
288面；15×21公分
ISBN 978-626-7044-75-9（平裝）
1.CST: 女性心理學　2.CST: 親子關係
173.31　　111014766

圖書許可發行核准字號：文化部部版臺陸字第111094號
出版說明：本書由簡體版圖書《掙脫母愛的束縛：母女關係中的傷痛與療愈》以中文正體字在臺灣重製發行。